José Félix Arana Rivero

EL ESPACIO INTERIOR
65 POEMAS, RELATOS E HÍBRIDOS

JOSÉ FÉLIX ARANA RIVERO

EL ESPACIO INTERIOR
65 poemas, relatos e híbridos

bubok
EDITORIAL

© El espacio interior. 65 poemas, relatos e híbridos
© José Félix Arana Rivero

Febrero 2025

ISBN papel: 978-84-685-8676-2
ISBN Ebook: 978-84-685-8675-5

Depósito Legal: M-3697-2025
SafeCreative: 2501310769567

Editado por Bubok Publishing S.L.
equipo@bubok.com
Tel: 912904490
Paseo de las Delicias, 23
28045 Madrid

«Lo cierto es que no sabe cómo puede saber quien no sabe tampoco cómo puede ignorar».

La Casida (Richard F. Burton).

«Pero hasta en la horca el ruiseñor canta a la rosa».

Coluros (Vladimir Holan).

«Se anda hacia delante, se recuerda hacia atrás y en ese balance reside la plenitud y la exigüidad de nuestro presente».

Juan Gil-Albert.

«Lo que importa es esto: hueco. Mundo solo. Desembocadura».

Federico García Lorca.

ATALAYA DE LA VIDA

Te acepto, muerte,
como cuando acepto al amado
revelarme que ha dejado de quererme.
Puedes visitarme cuando apetezcas.
No tengo prisa,
tampoco pereza ni rezago.
Estoy en calma conmigo mismo.
Con esta vida, sus seres y existencias.
Con sus sombras.
Del resto, si lo hubiese, qué más da.
Estaré asimismo en paz en tu regazo.
No eres consuelo ni regocijo.
Tampoco deseo ni premura.
No nacemos para morir, nacemos para vivir,
mas, inexorablemente,
el río siempre desemboca en la mar.
Y sí, hay más muertos que vivos.
La vida es un milagro.
La muerte un lacre, una rúbrica.
Los conjurados, de Jorge Luis Borges,
es un último poemario, rebosante de verdad y obituario.
Jorge Manrique cantó con partitura y voz de oro
a la muerte del padre.
Su lamento reflexión es hoy categoría.

De igual manera, Francisco Umbral
fijó el sentimiento y sentido/oda
a la muerte del hijo *aeternum*.
Le apodaban Pincho y tenía cinco años.
Cada madre primeriza incorpora
que va a ser la mejor madre del mundo.
Cada deceso es el primero y el último.
No es la vejez lo que le sobra a la vida.
A la vida le falta, a veces, una muerte digna.
En ciertas culturas recuerdan que,
cuando muere un viejo,
es como si se incendiara una biblioteca.
Yo viví como supe o pude.
Muchas veces con sentimientos y pareceres contradictorios.
Y, tantas otras, con el deseo de estar en cualquier otra parte.
Bien pudieras ser tú la entidad de ese lugar/prisma:
atalaya desde donde se permita otear
otros mundos nacientes, originarios, orgánicos, transparentes.
Altozano de los resquicios de ese mañana
en su vida y sueños simétrica.
Caja mágica de limoneros perennes,
sistémicos amarillos mediterráneos.
El beso que te debo: aquel que no me diste.
El mar secreto de una multiplicidad infinita
de cofres y encofrados.
El bosque con sus leyes y misterio.
La tierra última que es la linde de un abismo
finisterre (*finis terrae*).
Tañed las campanas para enmascarar los estertores.
Solo querría no desesperarme en mi hora postrera.

YO SOY PIEDRA. LA CASA SOSEGADA

Entrando en materia, arribo a la piedra.
Soy una piedra cualquiera, ni grande ni pequeña.
Cetro y arcano. Soy cerro.
Depositaria de la palabra neonata.
Alegoría profunda del misticismo.
Yo era piedra y era centro y me tiraron al mar,
dice una antigua coplilla.
Abierta al todo, cerrada a casi nada.
Cuarenta días después arribé a la playa, sus arenas.
Algo maculada pero indemne en mi esencia.
Atisbé vidas y seres increíbles,
tuve vivencias de corsario.
Aprendí a entonar melodías inéditas.
Aunque mi sima se mantuviera sólida,
lucía ladeada, desplazada.
Ahora
he recuperado ya mi centro y mi cetro.
En los albores del misticismo
nació acallada, asimismo, una nueva palabra, verbo,
para describir y versificar una experiencia
de alma y vida extremas
que con anterioridad no existían.
Así, nos quedan los poemas y textos,

un tanto crípticos y heterodoxos,

de Teresa de Ávila y, sobre todo, Juan de la Cruz (en España).

La experiencia mística consiste en ir vaciándose de todo

hasta quedar diáfano,

para poder ser penetrado por un dios,

el amado.

Siendo penetrada la casa, que antes estaba vacía

y alerta en un sinvivir viviente,

queda sosegada, silente. Muy quieta, como piedra.

Aquí se situaría el quietismo de Miguel de Molinos,

por el que pagó el muy alto precio de la herejía.

Ir hacia la piedra hasta ser la piedra misma,

y ser pétreo.

Sí, ser piedra y de la piedra, el centro.

Centro también de la palabra balbuciente,

neonata.

Y de una verdad como un absoluto.

Siendo yo muy joven, escribí: «Juan de la Cruz:

verso basura/ sobre la noche oscura».

Que se me perdone tamaño dislate fruto de la ignorancia.

He aprendido que piedra y centro son lo mismo.

Escribe Juan de la Cruz: «diremos que la piedra está

en el más profundo centro suyo». Y también:

«Fui la piedra y fui el centro/ y me arrojaron al mar».

Y, sobre una piedra, Pedro edificó una iglesia.

UN MUNDO NUEVO

Niño pequeño, dilecto y hermoso,
tu inocencia y ternura refulgen y deslumbran
como en la mar riela la luna.
Una vida pendiente de obrar y de escribir, tal vez.
Tu ingenuidad y asombro vórtices
debilitan el hálito, desarman las almas atribuladas o serenas
de los que para viejos transitamos.
Posees toda la vida en tus menudas manos:
los ríos, los peces, el mar y su misterio.
El canto del ángel, la danza del fuego.
El aire, sus aves, el campo, sus bueyes.
Los secretos del bosque. El sol y los astros,
todas las galaxias y universos.
Cada infinitésimo y *quark*.
Miríadas de veredas, incluso encrucijadas.
Si desearas bonanza y bondad en esta vida,
búscalas y dalas.
Para ti quiero que el niño que eres
permanezca para siempre.
Más una existencia y entorno de excelencia
si tales entelequias pudieran darse.
Y, parafraseando a mi padre,
pienso, infiero, colijo, concluyo,
que tu sola existencia
hace mejor este mundo.

UN SACO DE CANICAS

Mi padre tenía una biblioteca surtida y variada. Le gustaba lo bueno, que, en literatura, suele ser opuesto a lo fácil, aunque no a lo entretenido o popular. En fin, le gustaban los libros muy bien escritos. No ponía peros a casi ningún género, mas prefería la novela.

En la biblioteca convivían abundantes clásicos de distintas épocas. Vivíamos entonces el *boom* de lo latinoché (el calificativo no es despectivo, sino aglutinante), el realismo mágico, del que era muy afecto. Vargas Llosa, Ernesto Sábato, Cortázar, el existencialista Onetti, García Márquez y por ahí. También leía autores españoles de relumbrón y algunos noveles.

Como Francisco Umbral por entonces. Tenía yo el ojo echado a su *Travesía de Madrid* que, años más tarde, se convertiría en la monumental *Trilogía de Madrid*. Así que, cual ratilla de biblioteca, tomé prestado el libro y lo escondí. Lo leía de madrugada, con nocturnidad y alevosía y, claro está, me descubrió.

«Pienso que ese autor no es para ti. Te recomiendo *Un saco de canicas*, de Joseph Joffo, un libro soberbio». Me quitó de las manos un libro muy deseado para dejarme otro del que nunca superé la página 20.

La misma recomendación valió para mis hermanas y hermano, asunto que comentamos estas últimas navidades.

Y yo, lo que quería era leer el libro de Umbral.

Pues se coge y no se cuenta, apuntó mi hermana Itzíar.

No conté nada y lo cogí, pero me pilló.

¡Qué pesado estaba con *Un saco de canicas*! Por cierto, ¿alguno lo llegasteis a leer de cabo a rabo? ¡Noooo! (todos a coro).

Acabé comprando, reuniendo y leyendo todos los libros de Umbral, afán que me llevó unos cinco lustros largos. Por motivos de espacio y mudanzas varias, me he deshecho de la mitad de mis volúmenes unas cuantas veces. Umbral ha quedado en sus imprescindibles, como muchos otros autores. Me ha ayudado a conformarme como buen lector y lector bueno. He gozado con su escritura ágil, sorprendente, chispeante, contemporánea, muy creativa y heterodoxa en la forma. Un renovador y adalid del lenguaje. Lo reconozco como uno de mis padres o tíos literarios. Lo mismo vale para Cela, la Matute (esta es tía abuela), Delibes o Torrente Ballester (abuelo), entre otros. Me circunscribo a novelistas españoles.

Tengo mi árbol genealógico literario, sí. Por cierto, el neologismo «latinoché» es de Umbral. Y la expresión «y por ahí», que equivaldría a «etcétera», también. Otro neologismo umbraliano que me resulta hilarante e imaginativo: el verbo «fornifollar». Fornifollar, entiendo, sería copular con regodeo y regocijo. Muy distinto a un polvo rutinario y canónico.

Su personificación de autor «angloaburrido» —otro palabro— por antonomasia, recaería sobre el por entonces muy pujante Javier Marías.

Yo leía la obra de ambos y ellos se odiaron hasta el final de sus días. «Desconfío de lo que escribe Umbral —diría Marías— y desconfío aún más de lo que lee».

A mi entender, ambos fueron excelentes autores que me procuraron años de gozosas lecturas y conocimientos varios importantes.

Esto que sigue es el arranque de *Un saco de canicas:*
«La canica gira entre mis dedos en el fondo del bolsillo. Es mi preferida, nunca me separo de ella. Y lo bueno es que es la más fea de todas, no se parece en nada a las de ágata, o a las grandes canicas metálicas que suelo mirar en el escaparate de la tienda del tío Rubén, en la esquina de la calle Ramey
es una canica de barro,
con el barniz medio saltado. Por eso tiene asperezas en la superficie, y dibujos, parece el planisferio de la clase en pequeño».

....

Canicas de vidrio, de barro, metalizadas.
Canicas tornasoladas, verdiazules, traslúcidas u opacas.
Limón-naranjas, añiles,
granadas, arcoirisadas.
Ojos dorados, ojos turcos y turquesas.
Ojos ocaso, ojos alba, albicelestes, albinos.
Ojos noche estrellada, ojos bosque, ojos brunos.
Los niños llevan el alma dibujada de alegrías,
henchidos de gozo, cometas de sonrisas, muecas y risas.
Juegan a las canicas en la calle.
No hay peligro ni miedo, no transitan vehículos.
Cariño, compañerismo y diversión blanca, con gua o sin él.
Ellos fueron las mocedades en un tiempo pretérito,
adalides del futuro.
Y yo, tantas veces, quisiera ser uno de ellos.

LOS DIOSES CLÁSICOS. ¡QUÉ GALIMATÍAS!

Y tú quién eres,
Artemis/ Artemisa, Afrodita, Juno;
diosa, semidiosa, humana;
esclava, campesina, cortesana, princesa o reina;
procedes del inframundo o del Olimpo.
Sacar también a colación mujeres y hombres con atributos
animales y viceversa. ¡Qué follón! Seres mitológicos los llaman.
Menudo trajín se traían griegos y romanos con sus dioses.
Me asombra que estos fueran personajes domésticos,
muy presentes en el día a día, veraces, reales
y hasta administradores de la cotidianidad de sus vidas.
—Que me ha hecho saber Apolo que está muy cabreado
y que, como no le sacrifiques ocho reses y cinco vírgenes,
te manda cuatro plagas y pierdes la guerra. Así que... ¡hala!
Este comportamiento divino era moneda corriente en el
discurrir de los días de griegos, romanos, etcétera.
Aunque las murmuraciones fueran bastante abundantes
y las desgracias se fueran mascando de antemano,
los dioses tomaban partido por unos u otros.
Eran volubles e impertinentes sobremanera.
—Patroclo —habla Aquiles—, que me ha dicho mi madre la nereida
Tetis, que como no dejemos de fornicar el uno con el otro, morirás
en contienda y yo, al breve, en la guerra de Troya.

—¿Y qué sucede con Adriano y Antinoo?

—No somos contemporáneos. Nosotros somos griegos, ellos serán romanos. Además, ellos son humanos

tú, un semidiós.

—Pensaba que los emperadores de Roma eran dioses.

—¡Anda ya!

Había que contar también con los raptos, las violaciones, las transmutaciones de unos dioses en otros o en humanos o animales. ¡Qué lío más descomunal! Tan raro como un disco de Bjork, o como Bjork sin más.

—Que las sibilas se están manifestando en la Plaza de la Concordia y nadie sabe si tienen autorización o no. Van a amedrentar y a soliviantar a los turistas.

—Diana, no me asaetees al centauro Quiron, que le tengo echado el ojo.

—Que Zeus ha raptado a Perséfone. Menudo trago para Deméter...

—Que cómo se dice discordia en griego.

—¡Oh, Minerva! Que dé fin a este dislate de texto sin desfallecimiento y sin marrar en exceso.

—Pues Prometeo le ha robado el fuego a Zeus y se lo ha devuelto a los mortales. Se vengará, fijo.

—Por Júpiter, que este desatino, como Odiseo, llegue a buen puerto.

—Escucha, *kaló kai ómorfo koritsi*[1]: vete al oráculo de Delfos y dile a Eros de mi parte que quiero más de eso que él concede y reparte. Y también informa y confirma a Tanathos que no tengo pensado morirme de momento. ¡Sea!

1 Muchacha buena y bella.

GUACHÉ ENOLÓGICO

El grano de uva
Resbala
Pizpireto
Agota
Su néctar
El racimo
Lamenta
Acabar
En vino
Resiente
El viñedo
Raro cielo
Impío
Baco
Implora
Madre mosto
Beodo
La tierra
Su centro
Se detiene
Destila
Agotamiento
Calienta

Su ira
Un caldo
Negro
Bífido
Manto
Primigenio
Universo
Ciénaga
Yerma
El campo
Nebulosa de la hélice
Viñedo diezmado
Existencia
Holográfica
Desconexión
Cardiológica
Por sinrazón
Cirrosis
De un sueño
Por un amor
Cualquiera
El ciclo
Se cierra
Y se reinicia
El grano de uva
Etcétera

PLENITUD Y VACÍO

La mamá y el papá se afanan, ufanos,
en procurar sustento, calor, salud y seguridad
a sus polluelos.
En transmitirles su cultura, en su acepción sociológica.
Las artes de recolección y caza,
el vuelo en bandada,
el saber sortear las amenazas,
el acecho, la espera, el ocultamiento.
Cómo fabricar un nido,
rústicos útiles y herramientas.
Grácil pajarillo
que nos anuncias el alba con tu trino
y empujas el cielo batiendo alas.
Te escudriño en las auroras y los ocasos.
Tu plumaje es tinta para el vate,
tu ala, su vuelo.
Tu canto, símil del nuestro,
aún con potencia y timbres distintos.
Un mismo cielo nos ancla a la tierra.
Eres trasunto de poeta por la curvatura de tu estela,
clara nube límpida,
y el poder otear la vida
a distancia asimétrica

del común de los humanitos que,
cada mañana, pisamos
la incierta luz del día.
Gracieta en «S» bocetada,
Blanco viento amable,
Engastado en estaño.
Curioso y caprichoso caminar a saltitos.
Suma elegancia e inspiración.
Esta tierra y este cielo
para todos son iguales:
tierra que nos ata,
cielo que nos pesa.

LA VERDAD DEL AMOR

¿Una escultura de Miró dando la espalda a un busto de Franco,
semisumergidos ambos en una piscina?
Esto es más superrealista que Apollinaire y Breton sumados.
Me desnudé y zambullí en tal piscina dadaísta.
Tras una suerte de bajada rápida a modo de *rafting*/tobogán,
a través de una garganta roja amigdalada,
fui arrojado y afondé en un mar espeso y añil.
Tras el vapuleo y natural desconcierto, hago recuento de lo que allí
acerté a vislumbrar y a discernir.
Una peineta pergeñada por un bisnieto transgénico del dios Abraxas.
Deíctica popular y de moda, solo atisbé su mano.
El fósil bruno de un pájaro dodo real y nítido.
La biblia hebrea más antigua que, en estos días, sale a subasta.
Un grupúsculo abigarrado de hermosas rosas de Baccara petrificadas.
Más una flor de organza azul, armoniosa e intacta,
soñada por Ana María Matute cuando moza.
La ajorca de oro auténtica de Bécquer, el anillo de los nibelungos
y otro perteneciente a una saga que no recuerdo haber leído.
Un dedito muerto de una niña manca
que una almeja mostrenca donó a Rosa León.
Una floritura hecha mosaico que, aún con apariencia
de ruina cartaginesa, yo intuí lacada por Gustav Klimt.
Un bodegón botijo con el pitorro invertido,

un invertido con el pitorro donde corresponde.

Polvo de ala de mariposa casi tuerta, deslavazada y moribunda,

tesela de una descripción intrincada y barroca de Cartarescu.

El único manuscrito de Cervantes que existe: su firma.

El primer apellido está escrito con «b».

Pinceles de pelo de marta, aceitados en ungüentos

policromos/nacarados, con la impronta de Barceló, Miquel.

No vi nada que se asemejara a un pez, sirena o santo grial,

pero sí un ajado violín maltrecho procedente de la Costa da Morte.

Zooides de corales de colores,

una selva de piedras semipreciosas,

más acá del rojo, más allá del violeta.

Catafalcos, paralajes, utillajes imposibles,

astrolabios oxidados, atavíos improbables.

Un tesoro traslúcido con las lágrimas agrietadas de Ofelia y Dulcinea,

la pipa de Kiff, la no-pipa de Magritte

y un boceto que recuerda a Chagall.

Las partituras autógrafas, oleosas verduzcas

de la décima sinfonía de Ludwig van.

Millares de maravillas, truculencias y atrocidades más

que una afasia recurrente me impide escriturar.

Un corazón de mármol rosa de Ediacara,

el único objeto que ahora atesoro, admiro y acaricio con delectación.

Luis Cernuda le puso nombre: es la verdad del amor.

MOMENTO DE REFLEXIÓN

Recibo con agrado y pasmo
el nacimiento de cada alborada,
que, obviamente, es un milagro.
También ensoñación.
Agradecido. Algarabía en tu mirada,
magia del último día de Avalon,
que embelesa la mía.
Y me cuestiono: ¿qué más hoy?
Desde la ventana diviso pájaros vistosos
posados en las ramas de los chopos,
del majestuoso arce.
Algunos son apenas crías.
¡Qué largo es el invierno!
Madre,
cuando partas a la Otra Casa
y te broten alas,
te acomodaré y meceré en mi regazo.
Vencido, te acunaré con una nana.
Besaré tus párpados sellados,
te apapacharé, te abrazaré muy fuerte y,
arrobado, te dejaré ir.
Volar.
Adelgazaré mi exigua mochila aún más.

Seguiré leyendo, supongo,
en esa mi vereda infinita.
¡Qué retórica la de los muertos!
¡Qué dialéctica la de los vivos!
¡Qué ontología de lo que es y existe!
Soy feliz a rachas,
vientos amables de algodón y regaliz.
Celebro los ocasos que se visten
con galas violetas, malvas, granadas, anaranjadas.
Cuando advierto tu semblante
insinuado y nítido a un tiempo.
Cuando apuntala el arcoíris,
bóveda que es caricia y manto,
regocijo y fantasía.
Qué poca cosa somos y, a la vez,
qué morigerados y catedralicios.

EL HOMBRE SIN ATRIBUTOS

Cualquier disciplina susceptible de generar conocimiento me interesa. Últimamente estoy leyendo sobre física cuántica, una vez más. Una ciencia bastante novedosa y en construcción, intuida hace casi un siglo, que ha dado al traste con muchos de mis conocimientos y convicciones, machihembrados durante cincuenta años.

Tratar de resumir aquí qué es un cuanto, su contenido, significado e implicaciones sobre el universo, el átomo, la ciencia, la filosofía y nosotros mismos, es tarea estéril por gigantesca. Así que me limitaré a escribir unos retazos rudimentarios a salto de mata. Que me perdonen científicos, filósofos y lectores. Esto no es, en puridad, ni un poema ni un relato, aunque bien pudiera serlo.

La mecánica clásica que estudiamos en el colegio, la de Newton, digamos, con objetos en reposo o movimiento, con un peso, una fuerza, una velocidad en un tiempo determinado, las bolitas, las poleas está

muy bien, pero supone una hoja de ruta bastante incompleta de esta nueva disciplina.

En la física cuántica no existe la propiedad conmutativa. No es lo mismo multiplicar una cosa por otra, que la otra por una. Los resultados son distintos.

Einstein y Lenin sabían física cuántica, mucha. Clara Janés también, me consta. Algunos títulos de sus libros la delatan: *Los números oscuros, Variables ocultas, Psí o el jardín de las delicias,*

Trayectos y esferas. Más evidente, en este sentido, es su último
Libro, *Erwin Schrödinger y el salto espacios-tiempo de Galileo
Galilei,* publicado por el CSIC (Centro Superior de Investigaciones
Científicas). También la forma de aproximarse al objeto continente del
poema es, a veces, digamos que probabilística.

Si aislamos un grupo de cuantos de luz, llamados fotones, en un tubo y
«coloreo uno de ellos de rojo» para identificarlo, al liberar uno de los
extremos del tubo para observarlo, el fotón puede viajar por arriba, por
abajo o por arriba y por abajo al mismo tiempo. ¡Un único fotón puede
ocupar dos posiciones de espacio diferentes a la vez! O puede, también,
«no estar». Desaparecer. Esto es lo que ocurre cuando lo observamos
en el laboratorio.

Los electrones viajan dando saltitos, podríamos resumir. Un número no
basta para determinar su posición. Precisamos, al menos, una tabla o
una matriz. «Un objeto puede ser un objeto, o ninguno, o cien mil»
(Carlo Rovelli).

La luz no es continua ni constante, tampoco la vida. Nos aproximamos
más a la realidad si pensamos que la luz es «granulada». También
los cuantos lo son. Y el mundo. Un cuanto es el valor mínimo que puede
tomar una determinada magnitud en un sistema físico y, también, la
mínima variación posible de esta magnitud para pasar de un estado
discreto a otro.

Infrarrojo y ultravioleta. Yo no puedo verlos, pero un murciélago, además
de ver ambos, también es capaz de ver la luz polarizada, es decir, las
ondas electromagnéticas y las ondas mecánicas transversales, que no
voy a explicar aquí. Ciertas ranas, víboras y mosquitos ven el infrarrojo.
Ningún objeto o persona «es» sino con relación a un segundo objeto
o persona, que a su vez existe solo con relación a un tercero, etcétera. El
efecto mariposa no solo acontece, sino que, simplificando, se podría decir
que es lo único que existe.

Las variables tienen información sobre otras variables. Me explico. Un fotón en Suecia puede estar interconectado con otro en Pekín. Supongamos que ambos son rojos. Si el fotón de Suecia se vuelve súbitamente azul, el de Pekín, al mismo tiempo, será azul. Se puede hablar de teletransportación con propiedad. Lo que hace unos lustros era solo una hipótesis, hoy está empíricamente contrastado.

Si multiplico la posición de una partícula por su velocidad, obtengo un resultado distinto que si multiplico la velocidad de una partícula por su posición. Y es que, una vez más, velocidad y posición no son guarismos, sino tablas o matrices. El orden importa. La bomba que explosionó en Hiroshima y los ordenadores cuánticos se rigen por este mismo principio: la no conmutabilidad de estas variables.

«Dios no juega a los dados», dijo Einstein. Y después, ¿de verdad Dios no juega los dados? Lo que realmente pensó fue: ¿de verdad no son deterministas las leyes de la naturaleza? El gran Bohr le contestó: «Deja de decirle a Dios lo que tiene o no que hacer». Finalmente, el determinismo no existe, la razón pura tampoco. ¿Y el libre albedrío? Tan oscuro como un pozo.

Recordar que hay una vertiente de la poesía denominada «poéticas del vacío», en plural. Aquí estarían incluidos desde Teresa de Ávila hasta Vicente Huidobro. Y a «mi amiga» Clara, la incluyo yo.

He escrito en más de una ocasión sobre el vacío consustancial al misticismo. Nagarjuna, hindú que vivió en el siglo II, afirmó que los puntos de partida y sustancias últimas no existen, están vacíos. De ahí buena parte del fracaso de la física y la filosofía «convencionales». Puedo estar mirando a un cielo con nubes y entrever en ellas un castillo y un dragón. ¿Existen el cielo y el dragón? No. Nagarjuna afirma que no solo el cielo y el dragón no existen. Mi pensamiento, el cielo, mi percepción, yo mismo, existimos únicamente en el encuentro con otras cosas que son... realidades vacías.

Soy consciente del embrollo y, sobre todo, de que dejo demasiadas cosas en el tintero.

Podríamos decir que el padre de la física cuántica es Heisenberg. En realidad, es una gran familia, de distintas generaciones, bastante bien avenida, como muchas de ellas.

Lo escrito aquí puede ser contrastable o no. Pero está más cerca de la realidad que todo lo que nos han contado hasta ahora. Además, posee un respaldo matemático y varios premios Nobel.

¿Por qué *El hombre sin atributos*? Musil describe en esa novela un cielo de manera clásica, tradicional. Convencional. E inmediatamente después lo describe «a la manera cuántica».

¿No es más cabal una representación abstracta, cubista o expresionista del mundo y la persona que una representación figurativa clásica?

Yo pienso que sí.

VIVIMOS PORQUE AMAMOS

En los mimbres que cedacean los anhelos,
refulge un sol esperanza sobre un río de lágrimas.
Voy releyendo las madrugadas,
sumando decesos.
Un día menos, un ocaso más.
Otero fue de un sueño, inasible y cierto.
La puesta de sol, idílica, ¿quién la pintara?
El alba y la aurora, portentosas, primigenias,
ceden el paso a un nuevo día reinventado, mágico,
abierto a todas las posibilidades.
La campiña acoge como una amada.
Añoro la flor azur de los románticos alemanes.
La aurora boreal, tu sexo añil.
Larra se pegó un tiro con veintisiete años.
El olmo, testigo.
La piedra y la cruz: España, que fue imperio,
es residuo y adenda.
Legajo.
El silencio, coda del canto sostenido, amarillo, del jilguero.
Allende la tormenta, el arcoíris.
Majestad de petirrojo de vuelo almizcle.
¡Cuánto me cuesta salir de mí mismo!
Vivimos porque amamos.

Ahora, todo está aquietado, apacible.

Silente, tranquilo, armónico.

Todo, excepto yo.

LOS PRADOS CELESTES. UNA TAUTOLOGÍA

El aroma embriagante del petricor:
tras tres lustros sin llover,
anteanoche diluvió.
Madre,
acudamos a la empinada pradera de la hierba azul.
Malvas y verdes los cielos.
Donde el tiempo y el espacio
se estancan petrificados
y nada crece ni mengua,
adelanta o demora.
Donde no existe rémora ni avance,
todo impulso es capitulación
y los astros se socavan
a modo de magia o milagro.
Alcancemos ese estado de perenne nimiedad,
tótem del èxistir:
no ser algo ni nadie
y ser su totalidad.
Solamente amor, quizás.

CAFÉ DE ARTISTAS

Cuánta reunión y disquisición en torno a un café,
cuánta creatividad, literatura, política y arte en general.
Cuánta crítica. Cuánto café señero,
el que más he frecuentado es el Gijón.
Cuánto grupo literario, pictórico, actoral,
cuánta bohemia, leyenda y verdad.
Lugar de encuentro y desencuentros,
espacio para la cita y las citas en sus varias acepciones.
Cuánta vida y qué contrastes.
Cuánto «perito en lunas» y lunático.
Cuánta ambición y esperanza, frustración y fracaso.
Cuántos remedos y atisbos de sueños.
Cuánta moda *avant-garde*, cuánto remiendo y miseria,
cuánto abrigo dado la vuelta y qué panacea
para los uranistas.
En el café Gijón se reunía, entre muchos,
el grupo del pintor Viola, de *El Paso*, y aledaños que,
como tantos otros, arreglaban el mundo a las 6,
alrededor de un café.
Recordar, no está de más, que no todos tenían
parné para pagarlo y que cuando
un creador de éxito invitaba una ronda, se celebraba con una ovación
soterrada.

—Aquí llegan nuestros hermanos, los cómicos venezolanos,
con algún escritor de relumbrón, más algunos pintores y escultores.

—Recibámoslos como merecen.

—No, recibámoslos mejor de lo que merecen.

—Bienvenidos, mis queridos. ¿Qué tal les fue en el viaje? —Abrazos y
besos de rigor—. Cojan, ejem, háganse con más asientos. Mozo, mire,
júntenos esa mesa de al lado, que está libre. Café y vaso de agua fresquita
para todos.

—Así que usted pinta.

—No, señor, yo soy escritor y me llamo Camilo, para servirle.

—Y ¿qué escribe, si no es indiscreción?

—Pues mi quinta novela, mire usted. *Mrs. Caldwell habla con su
hijo.*

—Usted es poeta, ¿no?

—Así es, pero no vendo. Los poetas no sabemos promocionarnos, como
sostiene el vate Guillermo Lledó Falcón. Es un sino de nuestro tiempo.
Además de ser bueno y parecerlo, hay que venderse. Tres oficios y ni
medio sueldo.

—Ya venderá usted. Que la poesía es un género menor y no goza de
mucho predicamento ni predilección.

— ¿Y qué está escribiendo usted, Paco?

—Precisamente estoy corrigiendo *La noche en que llegué al café
Gijón.*

—Le deseo y auguro mucha suerte y éxito.

—Muy agradecido, pero no es de mi libro de lo que he venido a hablar
aquí.

—Aquí, nuestro querido amigo y colega Manuel Viola, pinta muy
excelentemente el abstracto, pletórico de informalismo y de color. Y es,
además, un soberbio poeta superrealista y escultor.

—Ooohhh. ¿Y se llama usted José o Manuel? Es lo que se dice un artista renacentista, toca varios palos. Pasado medio siglo, le llamarán artista multidisciplinar.

—Y a usted, señor Vallejo, ¿cómo le fue en el estreno anoche de su nueva obra de teatro?

—Lleno total. Éxito rotundo de crítica y público. Cuando esto sucede, que es casi siempre ya, cojeo un poco más de la pierna derecha aposta, para equilibrar un poco las envidias y los odios. Precisamente a mi izquierda, les presento a mi primera actriz, María Ask.

Alguno susurra por lo bajinis:

—Esta se ha tirado a medio Madrid.

María es un poco miope, pero tiene el oído fino y lo escucha.

—¿A medio Madrid? Ca, a Madrid entero y parte de España y del extranjero.

—¿Usted también es actriz, Mirta?

—No tanto, quedé en cómica de reparto. Caricata, para ser exactos. Y usted, ¿también pinta?

—Pues no, señor, se equivoca. Yo soy acompañante, seguidora y admiradora de todos ustedes y puta de oficio.

—Ah, disculpe usted.

—Disculpado queda.

—Hechas las presentaciones, hablemos de la Tercera República.

—¡Ay, qué guasa que tiene! ¡Qué ocurrente el chiste! Y qué ingenio más gracioso...

LLUVIA DE MAYO

La ira de los dioses descargó
una tormenta imperfecta y abyecta
sobre nuestras humildes tierras.
Zeus bramó tarde y mal.
Los ocasos y las auroras habían neutralizado
las plegarias y hechizos que agua suplicaban.
Nadie te aguardaba ni quería ya.
Se nos seca la garganta y quema el bosque, señor Efesto.
Maldita la suerte, emponzoñado sino.
Relata el campo que mucho necesitaba esa agua.
Con retraso arribó y a destiempo.
Teatloc, vete a paseo, corre a meditar.
Las labores y labranzas perdidas,
los arperos, las cosechas,
nuestros sueños y sustento, dilapidados.
Incontables las lágrimas,
la ruina y los sufrimientos.
Vislumbro, inabarcables,
los eriales arrasados,
anegados y apocalípticos.
Me ofrecen una imagen, sí,
difícil de calificar o describir.
Trasunto cruel de averno,

corazón atribulado.
Despojado el hombre,
yo la ausencia lloro desorientado.
Clamo por algún atisbo de esencia.
Despojado yo,
tu ausencia lloro desconsolado.
Imploro piedad.

SOUVENIRS OF CHINA. UN DESVELO

Ardua tarea la ecfrástica:
representación verbal de una representación visual.
Eres una joven primorosa de cutis níveo
como la albar Groenlandia.
Labios carmesí, ojos de tinta negra.
Cabello alisado japonés,
testa coronada con ranúnculos rojos.
Blanco, negro, rojo.
No te asimilo, Stendhal,
ni aún bruñido por tu síndrome.
Quisiera, niña, engastarte en mis iris,
enquistada estás en mi retina.
La armoniosa, dulce cabeza,
levemente se reclina sobre uno de tus hombros,
desnudo y redondo.
Tu beldad bien vale un imperio,
a mil ejércitos enajenaría.
Llevas en tus manos a gala
la bondad, el aprendizaje,
la inocencia y la curiosidad.
Sustantivos que enuncian
fascinantes cualidades prodigiosas.
Al marrarme las palabras,

camino entre circunloquios,

sobre perífrasis.

Se ha fracturado la reproducción fiel

de mi guerrero de terracota Qin, Xian.

Ayer amaneció descabezado.

Debió sesgarlo Salomé, ¡qué desalentador!

Te he enajenado, pues

como dice el insigne poeta y amigo Joaquín Brotons:

«los trastos viejos, pocos y lejos».

También conozco un dicho burdo

sobre los hombres refraneros...

Bajo el arco de estrellas que titilan

e iluminan la bóveda nocturnal,

te contemplo ensimismado.

Todos duermen, aquietadas las existencias

comienza el instante exacto de mis lecturas insomnes.

En los recovecos de mis cavilaciones

late un principio de presentimiento y presencia.

Quizás sea fruto de mi vagaroso discernimiento,

que ronda a una ajena forma de vida

y a un mundo cada día más extraño.

Eres Malena, mi dilecta,

con algunos abriles sumados.

No cabe duda:

nada lo confirma pero

nadie lo desmiente.

¡ALTO EL FUEGO!

Es tiempo de beleño,
planta favorita de las brujas,
emponzoñada y venenosa.
Encenderé la chimenea
para incinerar un millar de días de mi vida
de tristezas, hastío y juicios sumarísimos.
Cuando la inspiración del vate
arde en la pira,
el abandono y la desazón llaman a la puerta.
La musa tenía un contrato basura crepuscular.
Cuando la Inquisición te crucifica y te quema vivo,
lo que más duele son las yemas de los dedos
y los párpados.
El fuego griego,
inventado por Arquímedes en la Edad Antigua,
el del famoso Principio,
era una efectiva arma marítima que,
en su versión más arcaica,
consistía en una bola de tela en llamas.
El ingenio ardía en contacto con el agua
y aún más dentro de ella.
Con este artilugio se defendió Siracusa de los romanos,
puesto que, por tierra, no tenían opción de triunfar.

Los griegos sucumbieron y capitularon, finalmente.
Al bueno de Arquímedes, y genio,
lo asesinó un soldado romano,
a pesar de que había órdenes de que
no se le hiciese ningún daño.
El secreto del fuego griego fue transmitido
por los alquimistas de Alejandría
al sirio Calínico.
Es una lástima que tan legendaria fórmula
no haya sobrevivido a la historia.
Cuando diviso tu silueta,
se agranda tu contorno
y entiendo que te acercas;
o cuando arriba y apuñala el desamor,
me consumo en el deseo,
la lujuria.
Y las hogueras ya no me fascinan ni hipnotizan.
Siento soledad solamente
y soy solo soledad.
Que en su cara es anhelo, rama de olivo,
de jazmín fragancia y hogar.
En su envés, vacío, desvelo, vértigo y desvarío.
Palabra que vale más que mil imágenes.

POEMA EN DECONSTRUCCIÓN

Vivo porque tú me miras.
Y cuando te difumines por nuestra vereda,
me dejaré declinar por el sol de la tarde y,
restituido, me meceré
en el vórtice de esta vida
que es una rueca.
Reiniciado.
¿Es verdad, es cierto que han diezmado
la monumental ciudad antigua de Petra,
o fue solo un sueño?
¿Sigue vivo Camarón?
Seremos, seamos.

ESTIVAL

Un verano más.
Recuerdo
de días sin fin
y la canícula:
caldero de averno.
Una visita a los poetas ufanos,
un parque, un sobresalto, un museo.
Libros por leer eficazmente dispuestos.
La mano que tienta apenas un azur de estío.
La mar acecha y atesora escogidas partículas,
iones en salitre,
ciclo salino.
Contemplo la vida y sus vaivenes,
atardeceres,
desde esta ancestral playa
y casi consigo aceptarla.
La felicidad oscila a ráfagas.
Ciertos pesares cobran sustento
en las entretelas del alma
y en el peregrinar del pensamiento.
Familiares y amigos que surcaron
el eterno sueño
en otras naos.

Los niños son un libro blanco,
níveos son sus días y sus manos:
la inocencia.
Noches de Perseidas,
días de canela en rama,
estrellas de anís,
vástagos reverdeciendo,
que la luz, amable hermana,
acaricia.
Mi deseo de tomarte duerme varado.
Esta existencia obsequiada y en cuestión,
volverá, algún día, a ser mía,
per aspida ad astra.
Un almuerzo, un café, un llamado, una noticia.
Una cama demasiado grande y vacía
y yo, de nuevo,
el mismo que ayer.
Embriagan el azahar y el jazmín.
El aroma a limón de la magnolia.
Las hortensias contumaces,
la buganvilla es arcoíris.
La ramita de lavanda en un ojal de tu camisa.
Las tres marías, mismas tres olas repetidas,
una y otra vez.
Un único verso.

LA BANCA SIEMPRE GANA

El viejito de alma noble, don Ramón, inocencia de niño, se disponía a sacar efectivo de un cajero.

Pedro, sentado en un banco aledaño, cigarrillo en mano, le observaba con discreción.

Debía tener unos ochenta y cinco años, sus andares y movimientos acusaban ralentí y su traje gris marengo, siendo una prenda básica, estaba ya añoso, era espejo de una época pretérita.

Madrid centro, Chamberí, calle Fuencarral, mediado agosto y un calor de quedarse embarazado.

Pedro, joven todavía pero no tanto, observó que aquella operación, lo que quiera que fuese, le estaba llevando a nuestro viejito demasiado tiempo.

Don Ramón se estaba volviendo un poco más torpe con el pasar de los meses, sobre todo a partir del luctuoso infortunio de perder a su compañera de camino y vida, doña Emelia. Emelia significa suave, tierna. Ese nombre le venía como anillo al dedo, ya que, verdaderamente, fue así en vida.

Tras teclear varios dígitos y letras en el cajero, don Ramón abrió mucho los ojos y se llevó las manos a la cabeza. El cajero se ha tragado su tarjeta, pensó Pedro, y acertó. Se acercó presuroso al viejito y preguntó qué le había acontecido. Pudo comprobar su desconcierto y desesperación.

En ese momento, el joven vio que en el mismo cajero había un número de ayuda o atención al cliente, lo que le sorprendió, ya que pensaba que los banqueros y sus secuaces solo vivían pendientes de sus usuras y actividades alegales. Quizás exageraba y generalizaba con este aserto, pero su experiencia personal le había llevado a esta conclusión.

Sí, ¿cómo se llama usted? Don Ramón Espinoza Ramírez. Sí, el cajero de la calle Fuencarral 113 se ha tragado su tarjeta. Don Ramón, me están diciendo que su tarjeta está retenida por su propia seguridad.

Pero, ¿cómo puede ser eso? ¿Por mi propia seguridad? ¿Es que iban a atracarme?

Eso lo hacen todos los días, caviló Pedro, mientras atendía a uno y a otra.

¿Y qué voy a comer hoy? No tengo un céntimo en la cartera y, para colmo, no tengo ni tarjeta ya. ¿Que es domingo? Ya lo sé. Pues mire, dos restaurantes cercanos que ofrecen el menú del día están abiertos, claro, también los chinos y el Opencor.

Qué sinvergonzonería, qué falta de caridad. Caridad es una palabra en desuso por la falta de práctica con que se realiza la acción que define. En el siglo xx caridad significaba: «Sentimiento o actitud que impulsa a interesarse por las demás personas y querer ayudarlas, especialmente a las más necesitadas». Es prima hermana de la solidaridad, sin ser lo mismo.

Muchas gracias, señorita, muy amable. Mañana, a primera hora, pasará por la sucursal para recuperar su tarjeta.

Aquello resultó a Pedro de una iniquidad intolerable. En sus mejillas afloraron chapetas de indignación. Don Ramón casi estaba como perro al que acaban de apalear.

Una idea rápida, fija y fulgurante acudió a la cabeza del joven, esgrimida también por la bondad de su corazón.

¿Quiere usted compartir mesa conmigo? Pedro miró a sus ojos con franqueza: de un azul como los de su abuelo. El viejito esbozó una sonrisa enorme de agradecimiento.

¿En serio? Por supuesto, caballero.

Podemos comer un menú o a la carta, como usted prefiera. Acabo de publicar unos poemas por encargo que me han pagado bastante bien.

Y comieron y platicaron, se lamentaron sobre esto y aquello, rieron y confraternizaron.

Compartieron mucho más que unas viandas y procuraron a este relato un final feliz.

SEPTIEMBRE, ZAFIRO DE FUEGO

(Una pasión sin diligencia)

Mes de septiembre, zafiro de fuego.
Volver al tajo no apetece mucho.
Confieso que tampoco ando muy ducho:
Voy postergando todo para luego.
A ti, fogoso Vulcano, te ruego

Atiendas la pasión por la que lucho,
Que casi nada ya veo o escucho
Salvo los aromas flor del espliego.

Infiero que el otoño se hará largo,
Y aún más el sibilino invierno.
Tendré que exorcizar tanto letargo

Sin dirimir guiños al cruento averno.
Y que navegue mi alma por el lago
De la vida y del amor, que es eterno.

EL PERRO AZUL

El perro de la noche
me escruta con sus ojos azules.
Me hechiza e hipnotiza.
Es embaucador porque es bello.
Me da miedo:
no me atrevo a tocarlo.
¿A quién buscas?
¿Qué persigues?
¿Eres bondadoso?
El tono añil de tu pelaje,
¿es real?
¿Te estoy mirando a través de un filtro?
¿Cuál entonces?
Aprendí que casi nada ni nadie
es lo que aparenta.
Tu inmovilidad insistente insinúa
que un infortunio atroz
debe haberte sucedido.
Lo siento de veras.
Ojalá no sufras.
¿Te has sumergido en los mares
o bañado en los cielos?
¿Has caído en un agujero negro?

¿Has advertido el vacío?

¿Has vagado ingrávido?

¿Eres un holograma?

Estoy solo.

Déjame.

No soy dueño del tiempo

ni puedo revertirlo.

Vete.

Tal vez alguien te acoja

si es lo que deseas.

Ahora quiero calibrar

la profundidad de la noche

y su cualidad.

Adiós, can noble y hermoso.

Otea el cielo mañana.

Quizás te reconozcas

en el fulgor,

en el fragor de una perseida.

«Y EL VERDE, VERDE LIMÓN»

Estampa costumbrista.
Crónica del no quiero ni me apetece
y preferiría no hacerlo.
Los papeles de doña Rosita.
Este es el título de lo que sigue.
Pues vaya título, parece un testamento.
O una venganza, con más exactitud.
El té verde aparentemente adelgaza,
los arándanos son un antioxidante potente.
Mucho ejercicio y agua, poca comida.
La mente despierta, el pensamiento optimista.
Un horario inflexible, inmodificable,
dormir ocho horas al día,
pero por la noche (es importante).
Ningún exceso y mucha menta poleo.
Ya me dirán si esto es vida,
para mí es solo un simulacro de la misma.
Mari Nieves, la novia en ciernes,
solo bebía agua, zumos de fruta
y comía sopas de verduras,
a tres meses de su boda,
para que le cupiera el vestido
ya pagado por febrero.

El primero y último,

de alta costura,

que luciría en el vaivén de su vida.

¿Sabes qué te digo, doña Rosita, querida mía?

Que estoy muy harta y no soy una de tus plantas.

Gracias por la tisana, he cambiado de planes.

Me voy a embuchar el gaznate.

Y, con la andorga llena,

tomaré tres güisquis seguidos

y fumaré a discreción,

que quiere decir lo que me venga en gana.

Que me quieran por lo que soy,

no por lo que quieren que sea.

Hay que ver la juventud de hoy,

es que ya no aguantáis nada.

No se trata de aguantar, sino de vivir.

Hija, pero si tienes el cabello híspido de suciedad,

con ese rubio trigueño natural tan lindo.

Y las ojeras mal disimuladas.

¿Me maquillas el día de mi boda

de buena mañana, doña Rosita?

Me lo hacen en la peluquería,

pero tú tienes mejor mano.

Eso está hecho.

Yo también tendré que arreglarme, si es que arreglo tengo.

Mi hermana no podrá ir al enlace.

Tiene un curso sobre el estrés postraumático del duelo

en elefantes marinos y otros mamíferos pinnípedos.

Y cuídate, mi amor, que eres muy buena

y vales mucho.

Ay, yo te quiero, pero piensas muy antiguo.
Y tu hermana es más rara que un perro verde.
Toma, te regalo esta planta.
Apenas un esqueje,
pero te dará unas preciosas alegrías
y te traerá suerte.
Muchas gracias, doña Rosita.
Mari Nieves, ¿qué ramo llevarás el día de tu boda?
Eso no se cuenta, ya lo verás:
un ramo abigarrado y sencillo robado al descuido del aire.
¡Qué vergel tienes aquí!
Ganarías el Concurso al Patio Florido
de Córdoba Lejana y Sola del Año.
Ya. Lástima que esto no sea patio
ni jardín, sino terraza.
Y que esta vivienda sea piso, no cortijo.
Pero pintiparado y luminoso. Tanto da.
Parece una floristería de las buenas y exclusivas.
Eres una artista. Y muy bondadosa conmigo y un amor.
Soy como una madre.
Una madre afable que nunca un hijo tuvo.
«Doña Rosita la soltera o el lenguaje de las flores»,
pero con sesenta años más, ea.
Me voy para casa, que va a llegar mi Norberto.
Te veo mañana, doña Rosita.
Gracias por las alegrías.
Sí. Cuídate, Mari Nieves, guapa.
No le des demasiado al alpiste.
Yo me quedo hablando con mis plantas
y escuchando a Estrellita Castro,

que canta con mucho sentimiento
y muy bello trino:
«En Cai tie la Bizcocha
un café de marineros
y en el café hay una niña
color de lirio moreno».

ANKH

«Dios mueve al jugador, y este, la pieza.
¿Qué Dios detrás de Dios la trama empieza
de polvo y tiempo y sueño y agonía?».
Ajedrez. Jorge Luis Borges.

El Ankh es la cruz egipcia de la vida y su deceso.
Símbolos e ideogramas
conforman muchos lenguajes ancestrales.
(Los ideogramas para el chino y el japonés son los mismos,
las lenguas y hablas, no).
El jeroglífico es una forma, fórmula básica
de representación de la realidad.
Algunos de ellos pueden resultar alambicados
y complejos de interpretar
por los hiatos de la prehistoria y sus silencios:
asuntos y tareas arduos de hilvanar.
La historia también suele echar la siesta.
Piedra de Rosetta: bendita seas.
¿Qué puede o debe simbolizar una cruz,
además de suma o adición?
Dios, muerte, trascendencia,
vida y su trasegar, su curso, cauce y su final.
Mención aparte merecen la Cruz Roja y la Media Luna.
La cruz egipcia o Ankh

era símbolo y representaba la vida.

Por extensión, la fertilidad.

Por extrapolación, la unión de hombre y mujer.

Eros y Tánatos (eros es más) y,

en el extremo de ese haz o cuerda,

del existir su acabamiento,

que en distintas religiones viene a resultar

en inmortalidad.

La cruz es un símbolo perfecto y global.

En su aparente simplicidad,

expresa y significa una totalidad no trivial:

el origen, la ruptura y una eterna continuidad.

Principio y final pero, fundamentalmente, esencia.

Materia, psique, trascendencia.

Con esa especificidad (alma, dicen algunos) sin mácula.

Lo primigenio, congelado, con sus pluralidades,

lo contenido en el ser y en el no ser a la par.

La metafísica es la ciencia del ser

que toma a Dios como fundamento.

Dios para algunos: Hacedor y Deshacedor, Señor y Juez.

Vida y eternidad son conceptos irreconciliables,

antagónicos, no cabe espacio para el «conjunto intersección».

Semánticamente, cuasiantónimos, diría yo,

aunque pertenezcan a categorías léxicas distintas.

Centrándome en nuestra cultura, la occidental,

y para finalizar,

recordando a Borges,

para qué sufrió Cristo en la cruz y murió,

si, aquí y ahora, el que sufre y muere

soy yo.

LOS DÍAS FELICES

«El hombre arde de amor para que el cielo
de la muerte no carezca de corazón».
Coluros. Vladimir Holan.

Los dioses, universos y cometas
que planean en el cielo se conjuraron
para que, el día en que naciste,
recayeras en mis brazos.
Nuestra unión se ha cimentado.
Vínculo engarzado sólido, retroalimentado,
nutrido y cementado.
Crece diamantino, como la luna algunas veces,
hasta tornarse nuevo.
Desempolvé el cancionero de mi baúl de recuerdos,
ya solo quise cantarte, jugar y estar contigo.
Fui correspondido.
Te miro y caigo embelesado
ante tu beldad de mirlo, espigada y tostada,
de niña de ojos cueva inmensos,
regados de negra tinta.
La risa infinita y perfecta.
¿De qué lugar de inocencia nívea,
asombro, verdad y pureza venís los niños?
¿Del País de Siempre Jamás?

¿Del planeta del Principito?

¿Sois acaso la flauta de Hamelín?

¿O las flores cantarinas de esa película añosa de Disney?

No hay ni una pluma superflua

en vuestras alas de ángeles.

Ahora, varios otoños

han caído de los árboles.

Lees ávidamente y llevas en una mano,

la que acostumbrabas a darme,

la vasta lámina en blanco de tu vida por hacer.

El amor, a veces, no tiene nombre ni medida.

Yo no atisbo los míos

ni acierto a balbucearlos.

Que seas muy dichosa y longeva.

No cejes en tu curiosidad bondadosa y certera.

Te deseo la felicidad perenne

y la mejor vida imaginable.

Eres luz y candela,

estrella y luminaria en la mía.

Del lugar de este amor no sabré volver jamás.

Tampoco quiero.

Te llamamos y atiendes por Malena.

ONE WAY TICKET (AMAR AMOR)

Es probable existir.
Vivir es un arte.
Amar amor.
Amar sin más y mucho más.
Amar sin medida y siempre.
Amar sin correspondencia,
sin acuse de recibo.
Amar es un billete solo de ida.
Incluso cuando no comprendo ni comparto.
Sin arena ni cal.
Amar así es amarme a mí mismo.
Ser libérrimo y proclive a sublimar.
Navegar por los apenas procelosos
cayucos de la resiliencia.
Asumir la arquitectura a acometer
y reposar lo caminado a ratos.
Deshacerlo si procede,
recobrar el resuello.
Interiorizar.
Quizás detenerse para mirar atrás.
Vivimos porque amamos y no al revés.
Por ello te digo que te amo
y que lo haré hasta el final.

Todo esto fue revelado al dictado
por un simpar geranio carmesí.
Suspendido, allá en lo alto,
de un ciprés señero,
en un sendero locuaz e inspirado.
Bello.
Avanzaba un tanto errático,
por esa señorial vereda,
reverdeciendo obsequiada,
arborescente,
que no sé adónde me conducía.
A las fosas marinas, a los ínferos,
a la quintaesencia de mi yo, ego, id.
A la siderósfera de la Tierra,
a la estela de un artefacto *aerial*.
No calibraba cabal,
estaba aturdido.
Ese geranio reventón,
mirífico, refulgente,
intenso rojo,
elocuente y llamativo,
me recolocó en el escenario
y me reinició a la vida.
Luz en las tinieblas,
oasis en el desierto.
Pan en la pobreza,
paz en el conflicto.
Con aptitud y con vaivenes,
amo, amo, amo.
Y oteo, bien erguido,

un futuro de perseverancia,
ilusión, compasión y cariño.
Un incierto temor,
y algo de descaro y de placidez.
Agradecido y esperanzado.
Amor amar.

Año 2179 poshumano de la Era del Espacio Crepuscular Cuántico.
El artefacto robótico mixto XR26D2+2P2+K2 informa que ha encontrado
un escrito submetagrávitas en las coordenadas BHIRR-IA, con respecto
a su Base PI-JA VRGA. Ordenamos su datación, informe épsilon
completo, clasificación y apertura de Caso Psí, si procede, como medida
cautelar preliminar. El texto hallado se transcribe a continuación.

APOCALIPSIS MARINO. EL PLANETA ENAJENADO

El mar, la mar, pulmón de la Tierra.
Tu ciclo es vital para nosotros.
Tus colores son muchos, como los de los ojos,
aunque sueles reflejar el del cielo.
Te hemos deificado y cantado
desde tiempos inmemoriales e inmemorables,
que es casi lo mismo y, sin embargo, diferente.
Pintado, añorado, escrito y deseado
en todos los siglos y en cualquier escuela y estilo.
Modificado y aturullado.
Aturdido y violentado.
Visitado y venerado recurrentemente.
Hipnotizas como el fuego o la luna,
que sobre ti riela y de cuyos ciclos dependes.
Testigo y plaza de la historia,
sus batallas, victorias y derrotas.
Mar, madre y padre,
el mejor compañero,
el peor enemigo.
Te asfixiamos con vertidos químicos letales
y megatones de plástico.
Esquilmamos tus criaturas.
Matamos a tus hijos como tú,

tantas veces, a los nuestros.

Arrasamos tus entornos,

incendiamos tus hábitats.

Te calentamos y recalentamos.

Hemos sido a ratos

marineros en tierra, sí.

Nacer a tu amparo y abrigo,

solía imprimir carácter.

Depredadores de casi todo.

Nos dabas mucho

y te hemos esquilmado y alienado por completo.

Y nos quejamos, eso siempre,

porque no suele costar dinero.

Seamos realistas:

la ponzoña en la que nos hemos sumergido,

alias cambio climático,

no es reversible

ni puede ya erradicarse.

Francamente: es tarde para ello.

No hay solución.

Así que a ti,

mar romántico de poetas,

marineros, cantos de sirena,

tesoros fabulosos, naufragios,

muy literarias leyendas y fábulas

más dioses invencibles todopoderosos,

te entono mi réquiem

y te doy por deshauciado y finiquitado.

De igual manera, al ser humano «civilizado».

Tú, que mar fuiste del globo terráqueo,

novio de la brisa, del cielo
y de la lluvia hermano.
Ahora, la lucha está
en el tablero de la supervivencia.
La tuya y la nuestra.
No soy nada optimista,
para qué negártelo.
Mis pies recorrerán tus orillas,
algún atardecer más,
en esas aguas que salpican olas volátiles
en juegos volubles de espumas infantes.
Por poco tiempo.
Mar finis terrae, que decían:
elocuente premonición.
Dislate aparente,
no es *boutade*
sino presagio cumplimentado.
Quizás evolucionemos para subsistir sin pulmones,
o desaparezcamos de esta forma de vida.
Tal vez tú corras mejor suerte
en otro universo,
otro espacio, otro tiempo.
Te recreen artificialmente
o te enajenes también.
Que continúe el metrónomo
de tus vaivenes armónicos,
tu fascinante música magnética,
barroca, embriagadora,
reverberando en mis oídos
hasta el final de los días.

Adenda.

Las últimas 9 líneas, 296 caracteres del texto arriba transcrito están
emborronadas, temblorosas, entrecortadas, son ilegibles.
Pensamos que o bien el autor sufrió un grave trastorno,
o que puedan estar encriptadas.

CASTA Y GRACIA

Esa falda carmesí de dignidad,
de qué te esconde,
lozana rosa de otoño,
a quién engaña.
Joven mujer velazqueña
de brisa henchida,
en una estampa resuelta
con plasticidad
e idiosincrasia goyescas.
Bailas por algún palo flamenco:
una bulería por soleá o ligada.
Una colombiana de Pepe Marchena
que alguien se atrevió a entonar.
Baten las palmas,
golpes, pitos y jaleos.
La fiesta está servida
con muy exquisito aderezo.
Tienes gracia y casta,
como la mujer morena
de Julio Romero de Torres.
Al ritmo de tus caderas elásticas,
el eco de la juerga sisea:
swing, swing, swing.

Tu corazón bombea y martillea:
dong, dong, dong.
El resuello del aire regurgita.
Al igual que las ninfas,
reconoces a tus dueños.
Yo te prefiero y quiero libre.
Castañeteas y el gentío traquetea:
tsum-tsum-tsum.
El cimbreo circular
de tus alas/manos y brazos,
queda congelado en el instante,
como fósil en ámbar criogenizado.
Tu danza sangre colorida,
nace arte.
Lo destila.
Porte, gracejo y raza,
hacen de este otoño-mantón de Manila,
una nueva primavera,
enardecida de jacintos.
Alondra:
vuela alto, vuela rauda.
Corre y dile
a mi gitana
que la espero.

CARTA DE DESPEDIDA

Me hubiera casado contigo si me lo hubieras pedido.
Eras agraciado, buen compañero y leal.
¿Fiel?
De eso nada, te ibas con cualquiera que bamboleara un poco el trasero.
Te tenía que atar corto, pero nunca pude.
Además tampoco se trata de eso,
está en la idiosincrasia de cada cual.
Y somos libres.
Realmente, solo pensabas en comer. Y yo, a tu lado, igual.
Cogimos muchísimos kilos, nos pusieron a plan. A dieta.
Tú la seguiste, más o menos. Yo, ni por asomo.
Ahora paseo mi excesivo peso con dolores y penas.
Y también algún trauma.
Comer, echarnos, pasear un rato. Poner la televisión.
Dormir juntitos y bien abrigados.
Día tras día, repetido en bucle.
Y tus ausencias, ay.
Desconozco si nuestra relación era tóxica o no.
Sin duda era desigual, desequilibrada,
el cable de la correspondencia estaba deshilachado. Cada día más.
El amor, sin voluntad y empeño, tiene fecha de caducidad.
Lo mismo que lograr adelgazar.
Vivía yo de ti pendiente. De tu bienestar.

De las migajas de tu amor raquítico y pírrico.

Tu hacías tu vida, anodina, con frecuencia a mi lado.

Te gustaba jugar al balón, menuda estupidez, nunca lo entendí.

Digamos que prefería un tipo algo más intelectual.

¿Cariñoso? Receptivo a mis caricias, poco más.

No correspondías ni en su justa medida. Eres tacaño y bastante ingenuo.

Te falta peso específico, diría. Eres el individuo-en-la-media, bastante
básico y predecible.

Resumiendo, nada del otro jueves.

«*The average Joe*», que decimos los angloparlantes.

«El corazón tiene razones que la razón no entiende». Qué gran
verdad.

Desconfié, lo reconozco, de la cuidadora que tenías
cuando estabas enfermo y yo no podía faltar al trabajo.

¿Celos? Qué más da ya.

Un recuerdo. A la hora de comer, cada uno de ellos
se metía el extremo de un espagueti en la boca
y lo succionaba hasta que sus labios se unían.

Era muy enternecedor y bonito de ver.

Esta escena se ha repetido muchas veces en la ficción,
con actores distintos.

Nunca la presencié en la vida real.

En mi memoria se llaman la Dama y el Vagabundo y eran mis
personajes favoritos.

La vida pasa rápido y, como he oído, mirar atrás, ni para coger carrerilla.

No quiero ser una de las últimas canciones de Abba:
desamor, tristeza y despecho.

Deseo insatisfecho, represión, dolor, silencio,
como en *La Casa de Bernarda Alba*.

Y un final tremendo y atroz.

Aunque me gusten, no lo voy a negar.
Bonitas voces, producción impecable, armonías impactantes.
Espectaculares...
Yo, vaca sin cencerro, tú, perro sin collar.
Eres un pasota. Yo, un poco masoquista.
Y romántica, tú un pendón verbenero.
Me hubiera casado contigo si me lo hubieras pedido.
Pero nunca lo hiciste. ¡Qué independiente y liberal!
No muy inteligente, para ser sincera.
Y bastante ligero de cascos.
En fin, que hasta aquí he llegado.
Me canso, con tantos kilos sobre mis calcañares.
Hasta el hombre de Michelín ha adelgazado,
yo soy un caso perdido.
Espero que un colega o amiga te lea la presente,
esta carta que es un adiós, un hasta nunca.
No te quiero en mi vida.
Eres un perro.

    Fdo.: Dama,
    desde la atalaya umbría de mi soledad.
    Sunset, California.
    28/10/23

MEMENTO MORI

Sé que solo soy un hombre,
barro, ceniza.
Cuando camino, miro hacia atrás,
así lo quería Tertuliano.
Y recuerdo que voy a morir,
ceniza, tierra.
Apocalipsis, siglos II, III o IV.
Sus cuatro jinetes:
el hambre, la peste, la muerte, la guerra.
Realidades tangibles de impactante simbología
y peores consecuencias.
Aquí procede el libro de Blasco Ibáñez.
Inevitables Eros y Thanatos,
en mi cultura,
férreos tabúes indestructibles.
La filosofía se hace preguntas e indaga
sobre el ser y la vida,
ergo algunas de sus escuelas
descartan el óbito
como materia de estudio.
El ciprés,
que es junco y lirio,
nos vigila y nos guarda.

Su tea nunca se agota.
Hace el papel de linde en el camposanto.
Envarado tieso,
señorito y pintiparado.
Muy leal y fiel guardián.
Su sombra es alargada.
Imprescindible, aquí, el libro de Delibes.
Un alto comisionado del Nobel de Literatura
de la Academia Sueca
acudió a Valladolid a visitarlo.
Él declinó la invitación y oferta.
La muerte, solo una rutina y un rito
más un tránsito.
Radicales e imponentes, eso sí.
Sin amabilidad ni miramientos
a la manera del ciprés.
Sintiéndolo así nomás,
aunque la agonía pueda ser
espeluznante,
el *Inferno* de Dante íntegro,
barro, ceniza,
ya no temo a la señora
de calavera, esqueleto, capa y guadaña.
Porque no ser no duele ni incomoda,
no incordia,
y estiliza y desodoriza para siempre.
Ceniza, tierra.

DE CÓMO FUI PERDIENDO LAS POTENCIAS DEL ALMA: MEMORIA, ENTENDIMIENTO Y VOLUNTAD

Leo en la vigilia, leo en el sueño.

En las noches de desvelo, leo y leo.

Si la enfermedad, un revés o un contratiempo me atenazan, leo más.

Una poltrona, una banqueta, una esquina, mi catre,

sostienen mi cuerpo en el proceso.

Leo el cirílico, el arameo,

dilucido partituras y crípticos legajos.

A la mariposa y a la sierpe,

al hijo que no tengo.

En el campo, la ciudad, junto al mar o la hoguera.

En tiempos de brujas con sus pócimas de beleño,

me suelen brotar alas como palabras.

Flamígeras y lúcidas.

Leo al pájaro que ralentiza el vuelo,

al fruto que se demora,

a la piedra que se agita.

Las pisadas y sus huellas, los incendios,

los indicios y acontecimientos.

Leo la ortiga, el venero,

del agua su cauce, la celidonia.

Leo pensamiento y cochambre.

En la fonda, en un transporte público,

en la ringlera del mercado, en el excusado
también suele acontecer.
Leo a los clásicos y los noveles.
A mis amigos, compañeros y colegas.
Me gusta pasar página, pero si no pudiera elegir,
no hago ascos a los papiros, pergaminos
ni a los libros electrónicos.
Leer con avidez y sin pausa,
hasta que se enreden las palabras
o la vista diga basta.
Algunas antiguallas y lenguas
que no creo ya que existan.
Los mapas y los mares.
Las dunas y estrellas.
Las galeradas de libros en proceso de cocción.
Leo cuando estoy sereno y en paz,
cuando estoy contento y locuaz.
También cuando me altero.
Respondo mentalmente a mis autores más dilectos.
Incluso les aconsejo, felicito o reprendo.
Mi morada es de papel.
Leo a los chamanes, interpreto los chacras, los corales negros.
Las labores, hazañas y los miedos.
Las utopías y esperanzas.
Las guerras espurias.
Los concilios, tratados,
conciliábulos, armisticios y sentencias.
Leo cuando río, cuando rezo,
cuando amo, cuando almuerzo.
Cuando callo, cuando nieva, cuando espero y persevero.

Leo sobre cacharros, tinglados,

chanzas y chascarrillos.

Leo sobre amores y sus sinsabores.

Leo a pesar de que tú ya no me quieras.

Benditos seáis, autores, editores, distribuidores, críticos.

El libro es el único artículo de relumbrón barato.

Por mucho IVA y gravamen que lo encarezca.

Leo a los místicos, los ascetas, los sufistas (que son místicos).

Sir Richard Burton. Haji-Abdu El-Yezdi. Ibn Arabi.

La Torá, el Corán.

El I Ching, el Kempis.

Leo runas, leo mancias.

Leo a los neaonatos y a los viejitos arrugados.

Leo toda cosa y causa, en cualquier caso.

Las prescripciones de cualquier tipo, los archivos, los prospectos.

Las bibliotecas.

Los llamados y pregones de los ayuntamientos

y los caricatos.

Al ruiseñor y al vate, de músicas no disímiles.

La física de los espejos,

los avances de la mecánica cuántica.

Cualquier aventura, suerte y avatar.

Cada alborada y declive de sol.

Leer para saber, disfrutar, caminar, aprender.

Entretenerme o matar el tiempo.

Vivir más y mejor.

Leo el río, el viento,

el color de tu mirada, el sabor de tu sonrisa.

Leo, releo y vuelvo a comenzar.

Leo cuando vivo y cuando muero.

Ah, los libros de caballería son mis predilectos
y mi perdición, ay.
Divino negro sobre blanco.
Y solo dejo de leer cuando duermo,
cuando canto o desvarío.
Ah, los libros de caballerías son mis predilectos
y mi perdición, ay.
Desenvaino mi Tizona para enfrentarme
a unos gigantes que me acechan.
Rocinante, no desfallezcas ni te achantes:
Dulcinea nos asiste y nos espera.

CURIOSO CAMINAR DE PÁJARO

Refulge el ave que va dejando
huella en la corteza del árbol.
Estela seda de poeta.
Tesela de trino, canto.
Su vuelo se llevó el pudor
y el peso consistencia
de nuestra esperanza.
Voluta de humo apenas.
Tan leve y frágil fue su sombra
que apenas pespunta pluma.
Asoma la luna.
Entretanto, a qué se entrega el hombre
sino a su lucha y silencio.
Algunos son reflejo espejo
de pájaros de mal agüero
y peor carroña y calaña.
Canto y vuelo insuflan vida,
vector de movimiento.
Prodigio de cuerda, instrumento vertiginoso.
Calculo la hipotenusa
de la V cerrada de vuestro jerárquico aleteo.
Tiene la longitud inversa exacta
de la voluntad del amor.

Ínfima, muy próxima al cero.
La luna mira.
Mas en ese vacío surca el pájaro de fuego,
la gaviota, el albatros, la paloma de la paz.
El petirrojo, muy apreciado en mi país.
Despliegan armoniosas casidas de cortejo,
celebración y temor/amenaza.
Con idiosincrasia de balbuceo de recién nacido,
nido de cigüeña.
Y cada mañana despierto a la vida
y repito: «vida».
Estar aquí y ahora.
A modo de testimonio,
con pulsión de adherencia.
Ícaro se torna pájaro.
¡No te acerques demasiado al sol!
¡Me aterra que te derritas!
¿Podrías,
como el Ave Fénix,
resucitar de tus cenizas?
La luna calla.

CHILLIDA: ESPACIO, MATERIA Y DIÁLOGO

El arte es largo, y además no importa.
Antonio Machado.

Ocupar el espacio es desocupar el continente.
Amasar y aflorar el contenido.
Cerrar un espacio abriendo una ventana.
Función de círculo: incluir y excluir.
Abrir un hueco delimitando,
achicando el espacio.
Embellecer el lugar y su entorno.
Esculpir.
Chillida peina el viento del cielo
y lo recrea.
Lo forma, reforma y engendra.
Arte con soporte desde la nada.
Magia.
No percibimos tal cual vemos,
sino el objeto íntegro
en su totalidad.
Lo saben explicar los físicos cuánticos.
La filosofía camina y la ciencia vuela,
aunque soy deudor de ambas.
La escultura proclama que es bella porque suma,
añade valor *per se*,

y a mí cuando la contemplo.
Me nutre y medra.
Aprendizaje, reconocimiento,
gozo y razón de ser.
Tales cualidades tienen vocación de ser perennes
salvo enajenación, catástrofe o terrorismo.
Chillida dobla, desdobla,
duplica, recorta, dializa.
Retuerce y endereza.
Es un obrador de arquitecturas de arquero.
Sublimación.
Su hogar: Chillida Leku.
Su escultura es un semidiós mediador.
Un intermediario entre el espacio
y su observador.
Entre el cielo, el mar, el árbol,
el suelo y yo.
El mejor intérprete o traductor.
El sumo hacedor del diálogo
inteligible idóneo,
en la más hermosa lengua.
Epifanía.
Robusta solidez, perfección.
Tal beldad me arroba
hasta la zozobra.
Arte.
Me aporta alegría de vivir
y me sustrae miedo a la muerte.
Fabricación colada,
fundición volcánica.

No me importa no permanecer.
Que la vida sea motivo,
camino, variante y sorpresa
me atañe.
El arte enriquece mi existencia.
Fundacional.
Intensa.
Por ello me complace y lo celebro.
Escultura grácil y pesada,
ilustre e imponente,
recta y humilde:
te encontré en mi caminar variable
por sorpresa y me diste un motivo.
Ejemplo de vida.
Modelo de tolerancia.

COMPOSICIÓN CELESTE

Un colosal asteroide tipo Apofis,
más letal,
impactó con lo que posteriormente
sería el globo terráqueo.
La colisión desgajó una luna
que salió disparada.
El asteroide penetró y ocupó la Tierra
en torno a su centro.
El ojo en el cielo de la deidad prehistórica
desencadenó una composición celeste
en los abismos de la aguas.
La materia observable cobra apariencia,
nace.
Afloran fauna y flora primitivas
de desconcertantes colores y texturas.
Seres excepcionales microorgánicos
revientan los fondos abisales.
El arco del cielo asombra y fosforece
trufado de decaractos rutilantes,
diurnos y nocturnos.
En la oscuridad ocultan sus enlaces
y muestran sus vértices:
bóveda celestial estrellada,

azul añil brillante.
Politopos de cruce,
n dimensionales,
infinitos hipercubos regulares.
Atisbo tesoros inconmensurables,
maravillas refulgentes
como el sol en tu mirada.
Azules cerceta, ocres y oro.
Más luminarias jamás usadas
ni soñadas.
Los dédalos de las anémonas juegan a ser corales.
Los corales se distorsionan en sombras chinescas
según la luz que reciban,
las visitas y apariciones que se presenten
y sus propias apetencias.
La apetencia del agua es río o mar,
según la circunstancia propiciatoria.
La circunstancia del agua es cristalina
y de lúcida prestancia.
Presencia nítida, prístina.
Violeta, naranja, amarillo, lila.
Desfilan los colores. Sinfonía.
Morados, verdes espuma y menta.
En sintonía, nunca abigarrados.
Su forma y función es venero de vida acuática.
Filtrada su totalidad
por un sutil velo de transparencia turquesa.
Mi cuerpo acusa ahora un leve estremecimiento carmesí.
Despierto con la somnolencia y el desconcierto habituales.
Retorno a la realidad consciente, reconocible.

Escudriño la semioscuridad, rechino los ojos.
No es peor el abismo que su borde.
Es más terrible el límite que el precipicio.
Me desperezo. Recuerdo.
Los dioses murieron de senectud.
Lo descrito solo es naturaleza muerta
de la que nunca nadie tuvo constancia,
recuerdo, ilusión remota
ni conciencia.

MUJER AFGANA

Mi infancia es el recuerdo del eco
del tintineo de la campana del camello
en el desierto de Registán.
Visto de negro desde que tengo memoria,
de la cabeza a los pies.
Mi rostro está cubierto por un velo,
entramado de araña febril,
tarea de hormiga aplicada.
Nadie puede advertir mi piel.
Mis ojos glaucos apenas ven.
Solo discierno bultos
del color de mi ignominia.
Observo la vida desde un tamiz,
encerrada en celdas minúsculas cuadradas.
Estoy atrapada en esa red:
estigma de la vergüenza
de mi existencia ablacionada.
Negación del ser,
prisión de cemento y martillo,
dientes que castañetean.
Me vendieron niña a un anciano
que usó y abusó de mí cuanto quiso y apeteció.
Me dio varios hijos,

mas se me negó conocer sus suertes y designios.
La ventisca de arena golpea
mi yelmo y coraza de negras abayas,
de sumisión y pavor.
La alegría es siempre efímera, fugaz.
La pena, persistente y tenaz, llega para quedarse.
¿Por qué, Alá, me creaste
y te olvidaste de mí?
Malditos sino y suerte.
El Corán me asfixia y aplasta,
me pisa e insulta.
Resiliencia, empoderamiento...
¡Qué extrañas palabras!
Qué significarán.
La esperanza, sin mañana,
es el sol despiadado cuando me quema.
Al menos me recuerda que estoy viva.
La fe es una yihad más,
que suele desembocar
en guerras cruentas y sangrientas.
Fatigas, dolor y miedo
dirigen mis pensares y movimientos,
cada espacio de mi vida, todo paso que doy.
Espanto. Silencio.
Incomprensión de muro calado bruno,
de seco cactus yermo.
Encadenada esclavitud aprisionada
en mi mundo, corazón y cuerpo.
¿Dónde estará el oasis del que he oído hablar?
¿Quién deshará el entuerto y el maltrato?

¿Cómo, cuándo?

Mi infancia y refugio es el recuerdo

del alegre tintineo de la campana del camello.

Anciana de corta edad,

no soy libre ni feliz.

Vida y ser apenas existen: soy invisible.

Pero sé que en mi pecho

titila un tenue lucero.

Es mi tesoro y mi secreto.

No me lo pueden arrebatar.

Antes de irme definitivamente,

tengo que aprender a perdonar.

Y que Alá,

en su infinito e inmisericorde abandono,

desmesura, crueldad

y perfidia,

se apiade del resto.

EL TREN AZUL

Es mi último tren.
Perdí todos los demás
por exceso de confianza
o desinterés.
En una vida arrecha,
toda senda es margarita,
pero de reflejo y ecos mínimos.
Si no fuera a buscarte,
bastante posible,
ni tú vinieras,
igual de probable,
me quedaré solo,
lamiéndome como el buey
de la paremia.
Soledad impuesta que desgarra y aliena
versus
soledad sobrevenida y deseada.
Desterraré la primera
para acatar la segunda.
Yang y yin.
El miedo es humo, pero ciega.
Un futuro incierto
tiene visa para nublarme.

No quiero ceder un ápice
a la parálisis de espíritu.
Las ataduras son llave de doble vuelta.
Mas el papel en el que escribo es blanco,
la tinta azul,
como el convoy de mi pensamiento.
No cejaré en leer y declamar
una vida escogida, recia,
ni rosa ni rusa,
contigo o sin ti.
Raras veces la escribiré.
No es mucho, pero suficiente
para continuar bregando.
Acecho siempre la música,
hasta en las nervaduras de las hojas escritas
de los árboles enhiestos.
Melodías de esclarecimiento.
El tren azul en sus postreras jornadas
será trasunto de la elipsis
de mis divagaciones y vagares.
Una monumental carcasa
de metal herrumbroso esquilmado.
Elefante industrial varado
en un sucio descampado,
herido y olvidado.
Cuerpo mutilado.
Anacrónico jumento
de otra era gloria.
Mudada piel de sierpe escindida
de un tronco de palo.

Légamo en las vías y los viales.
Luminaria de vuelo.
Itinerarios por millares.
Esperanzas, ilusiones, trasiego, sueños.
Furtivos encuentros recorridos
de incipientes amoríos.
Viaje al país de nadie sabe dónde,
ya finiquitado y muerto.
Molicie cacharrería,
encofrados abismales,
paralajes controvertidos.
Chatarra solo y desechable,
metáfora de mi mocedad.

GUETARIA

Los marineros son las alas del amor.
Luis Cernuda.

Los marineros son las alas rubias del amor.
Piel rubia, de salitre morena.
Ojos realzados,
óvalo de la cara definido y terso.
Chapetas impresas por el sol.
Sin tatuajes.
Eras rubio y eslavo, sí.
Tu oficio, la pesca de altura
en el mar de Euskal Herria.
Ojos azules, piel bruñida,
complexión perfecta y el aroma del mar.
Vaqueros ajustados, camiseta blanca,
el mismo atuendo que llevaba yo.
Mirarnos y reconocernos nos dio mucha risa.
Complicidad desde el primer minuto.
Y algo más.
Aquel bar tenía algunas concomitancias
con *Querelle de Brest*, de Jean Genet
y largometraje de Fassbinder.
Gambas, jamón y champaña
para celebrar el encuentro,

bendito azar.
Y que nos habíamos gustado.
Marinero nórdico,
rubio sol de pestañas infinitas,
que dominabas el euskera y te apañabas en español.
Pintxos, txacolí y mariscos.
Nos dábamos de comer el uno al otro,
la felicidad al alcance de las manos.
Interjecciones y frases cortas intercaladas,
asistiendo a expresiones de asombro varias
entre la parroquia.
Cuerpos y gestos en perfecta complicidad y armonía.
Eras muy guapo, sí.
Aunque estas líneas tenían vocación de poema,
conviene testimoniarlo.
Las mujeres y algún hombre te escrutaban,
exploraban con el rabillo del ojo —deseo—
o con evidente descaro:
de abajo arriba, de arriba abajo,
con parada en la entrepierna.
Esto me provocaba más hilaridad aún.
Rememorarlo ahora:
esas vacaciones de verano en Zarautz,
tu presencia y exposición,
me vuelve procaz.
Txomin Artola y Amaia Zubiria
ponían banda sonora a estas escenas
y otras que se sucedieron.
Comida, risas, sexo y sueño
al calor de las piernas entrelazadas.
El aire y los besos tímidos y húmedos.

La lujuria orquesta la danza ancestral de los cuerpos.
Mucho cariño, por no llamarlo amor.
Una madrugada,
tu barco amarrado en el recoleto puerto,
blanco, verde y rojo.
Las redes, anzuelos y cañas...
El cebo vivo en piscina de agua salada
que las propias luces del barco iluminaban.
Se congeló el tiempo y esa imagen,
tú cogiéndome por la cintura,
yo abrazándote muy fuerte,
se instaló, indeleble, en mi memoria.
Con la mar de Guetaria
y la luz granulada que precede al alba
como testigos.
Evoco y escribo estos recuerdos
llorando y riendo a la vez.
Que navegues las aguas de una vida plena, feliz,
que fueron nuestras por unos días detenidos,
hasta las horas postreras.
Sus brisas, mareas, la pez,
sus aparejos, algas, sales y brasas,
su quietud y suspiro leve,
amante amor.
Por mucho empeño que ponga
y admiración y adhesión que cause,
la mariposa vive solo un estío.
Lo que duraron nuestras vivencias
e intenso,
placentero convivir.

DÍAS DE INVIERNO

Se suceden los días
como se desgranan las uvas,
gotas de rocío,
cortos, similares, clónicos.
Deberían alargarse ya, y
con ellos la luz:
de nueva vida promesa.
Mas no logro apercibir
una cosa ni la otra.
Un poeta de referencia,
de relumbrón, se dice él,
recalca que la vejez
es lo que le sobra a la vida.
Yo respondo que a la vida
nada le falta ni sobra.
Seguro se enriquecería
con un poco de mano
y sensibilidad con sus ancianos,
niños, minorías,
mujeres, animales.
Últimamente reincide
en la obsesiva idea
de cuándo termina esto.

Sufro por ello.
Las noches blancas,
breves, desalmadas,
dejan paso a las tímidas albas,
y estas a unas auroras
que apenas ofrecen esperanza.
La aves huyen o callan.
Miro y no veo,
oigo sin escuchar.
Obro como inteligencia artificial.
Los días se solapan
como idénticos alientos,
herrumbrosos,
congelados y pausados.
Tal vez sea el propio cuerpo,
la casa,
su estancia, que ostenta ya
una masa abultada,
que pesa a medida que pasa.
La memoria es lápida,
losa paralela y ajena.
Yo, mientras tanto,
espero una vejez,
perplejo y algo sabio,
legañoso e higiénico,
añoso, displicente,
sabiendo, asumiendo
que ya ha llegado.

MUÑECA DE TRAPO

Unas Navidades menos o unas Navidades más
que recién se fueron.
El tiempo siempre suma,
nunca resta, ya que
cada día que pasa
no es un día más próximo a la muerte,
sino uno más de regalo
y milagro que vivir.
Así lo entiendo,
cada día en que despierto
es un portento y un obsequio,
¿divino?
Y lo agradezco.
Lo vivo con intensidad y plenitud
o como puedo,
dependiendo de la disposición y el ánimo.
Muñeca de trapo.
A veces me siento como tú.
Puedes ser querida, novedad de temporada,
pero también vapuleada
y enajenada como un viejo trasto.
En tiempos de escasez,
tantos y tan largos,

con qué amor, cariño e ilusión,
improvisaban artesanalmente
las madres, para sus hijas,
estas muñecas obsequio prodigio.
Existían, por igual, balones de trapo.
Los niños jugaban en la calle...
Manos hacendosas y mañosas
que desgranan y administran la ilusión.
Disfrutaban ellas anticipando
el pasmo y alegría
con que las recibirían sus hijas.
Las mujeres han tenido
históricamente doble mérito.
Siempre realizaron de facto
fatigosos quehaceres no reconocidos,
menos aún remunerados.
Antaño y hoy.
Seguro que en no pocas ocasiones
se han sentido
muñecas de trapo cualesquiera.
Todos necesitamos sentirnos queridos,
la única receta para lograrlo es,
quizás, querer.
Amar,
obrar el bien sin esperar nada a cambio.
Ornada muñeca que recibes cariño
pero no puedes darlo;
mediado enero,
con Jano, dios de las puertas rigiéndonos,
ya te han olvidado.

LA MARGEN IZQUIERDA INDUSTRIAL DE LA RÍA DE BILBAO. POSTAL ANTIGUA

Cuando yo era niño, púber y más tarde joven, Bilbao era una ciudad agujero gris, ajada, fea y quizás sucia. Parecía que jamás la hubieran pintado ni encalado y, a pesar de su actividad febril, que nadie nunca la hubiera mirado bien, y menos aún, se hubiera preocupado por su imagen. Eran otros tiempos, sí, pero la urbe era próspera. Gracias a su siderurgia y la construcción naval.

Así la llamábamos los propios oriundos, el *botxo*, es decir, el agujero. O *botxito*, su diminutivo hipocorístico. D. Miguel de Unamuno utilizó mucho el término. Y es que está situada en una depresión formada por montañas y rodeada de naturaleza, tanto antes como ahora: Pagasarri, Artxanda, Lemoa, etcétera. Agujero de doble acepción: corpóreo y ontológico.

Su imagen industrializada era fortísima, impactante, simpar, portentosa, única. Las industrias se arracimaban por la margen izquierda del río Nervión (ría más propiamente), se aglutinaban vecinas como orugas procesionarias. Mastodónticas y monstruosas, competían en brutalidad y fealdad entre ellas.

 Conformaban un grotesco *skyline*. El paisaje era ogro de ladrillo sucio y chapa, tumefacto hierro, robusto y sólido y, a la par, fantasmagórico y deforme.

Un colosal gigante, la Bestia sin Bella, un tragaldabas con elefantiasis, molicie gargantúa, un leviatán, el Abominable Hombre de las Nieves versión fango.

Pretiles cochambrosos de desechos y herrumbres, volutas
ignífugas, la ría de aguas chocolate-verduzcas contaminada de por vida.
Malecones achicharrados y hediondos.

Algunos pueblos y villas de la margen izquierda son Portugalete,
Santurce, Baracaldo, Sestao. En el Alto Nervión: Arrigorriaga, Basauri,
Galdácano. Las mineras Ciérvana, Abanto, Musques y Ortuella. Por
nombrar algunos.

Miles de hectáreas afeadas por el monstruo de la industria. Margen
izquierda: lugar, fatiga y muro del proletariado, asalariado humilde, que
solo se acordaba de su sindicato (estos todavía servían para algo) como
del paraguas cuando llovía.

A su costa medraba la margen derecha. Las Arenas (Areeta)
pertenece al municipio de Getxo. Es el lugar exacto donde la ría se abre
al mar. La aristocracia y nobleza se asentaron ahí, el clero también,
imagino, y en ese arenal, originariamente, se construyeron ocho
caseríos palacio, luego fueron muchos más. Junto a Neguri y Algorta,
conforman quizás el emplazamiento más privilegiado de la costa
vizcaína.

Volviendo a la margen izquierda, recuerdo las altísimas chimeneas
de las fábricas que se perdían en los cielos. Yo las llamaba, para mí,
«chimeneas de colores», ya que lo que fuera que emanara de ellas,
sus humos y residuos gaseosos, poseía una gama cromática de
tonalidades que guardo en la memoria, pero que jamás he vuelto a ver.
Lo intento: amarillo orín, cobrizos, verdes manzana, celestes, grises
plúmbeos, rojizos y carmesíes, anaranjados, tejas, granates, violetas,
corales, vetas marrones, brunos, negros y blancos en todos sus matices.
La más amplia variedad de colores que recuerdo.

Entre los edificios-monstruo, uno destacaba por encima de todos:
Altos Hornos de Vizcaya. En algún momento, segundo lustro de los años
ochenta, el estado de las cosas mutó, no eran ya lo que fueron y los

pingües beneficios se convirtieron en pérdidas y mermas.

Mi abuelo, sabio como casi todos, razonaba: «Si construir un
barco cuesta de media seiscientos millones de pesetas y, a la hora de
comprarlo, nadie va a dar más de cuatrocientos por él, ¿dónde está el
beneficio?».

Colijo que con el resto de los negocios sucedía algo parecido, pero no poca
gente atribuía la ruina a una mano tuerta, un contubernio del represivo y
castrador gobierno central de Madrid.

Entonces arribó la Reconversión Industrial, cuidadosa y largamente
planificada y financiada. Aniquilante y devastadora. Toda la industria
se desmanteló y enajenó. El desierto recién creado se asemejaba a un mapa
marciano. ¿En qué se reconvirtieron esos espacios y vidas?

Desde la concepción y realización del museo Guggenheim, más
decenas de proyectos adláteres, Bilbao está irreconocible, tan fulgente como
brillante. Ha transitado desde el vómito voraz al más exquisito y eximio
jade.

¿Qué ha quedado de aquel impresionante paisaje de mi infancia?

Nada. Una impoluta y moderna acería de última generación. Y unos
barrios y demarcaciones níveos, amables, estéticos, limpios. Arbolados,
ajardinados y hasta idílicos. La margen izquierda luce tan bonita como la
derecha. Espacio recuperado para la belleza, la actividad, el solaz y la
convivencia.

Hoy, Bilbao y su ría son oro. Recuerdo un verso de Unamuno:
«Tus muros de piedra son». Se puede pescar en la ría y tomar un
baño en la playa de Las Arenas. Ha pasado de ciudad industrial a capital
cultural y de servicios. Aunque la capitalidad del País Vasco la ostenta
Vitoria, para que tengan algo, supongo.

Urbe hermosa y blanqueada a cuyas aledañas aguas quisiera
pronto retornar.

DISYUNTIVAS Y SIMETRÍAS

¿Jugamos a la guerra o a la rayuela?
¿Leemos a Cunqueiro o a Joyce?
¿Escuchamos a Stravinsky o a Mariola Cantarero?
¿Green Day, Alberto Iglesias?
Souvenir, Phantom Songs.
Si elijo un camino, no renuncio al resto.
Siempre puedo mirar atrás, incluso virar mis pasos.
Si hoy estoy apesadumbrado,
mañana, quizás, pueda regocijarme.
Si ahora te quiero y después no,
puede que haya cambiado de parecer, sentimiento, circunstancia,
o que hayas cambiado tú.
Aunque fulja hoy el sol,
el mañana puede no llegar.
Si eres río, yo caudal.
Si ola acaracolada, la mar.
Si marejada,
yo la calma chicha que amaina la tempestad.
Si eres avena, yo gleba.
Arpero silente siempre y era.
Amapola y junco que los alisios cimbrean.
Calavera en tu erial.
Libélula hechizada por la intermitencia del faro.

El banco en la vereda
por donde te paseas y recreas.
Cada día, cuando despierto,
experimento un sobresalto atroz,
tremendo estrago existencial.
A veces estás a mi lado
y bosquejo los contornos de tu cuerpo,
mientras te contemplo y admiro.
Me invade entonces el alborozo de estar vivo
y lo agradezco y celebro.
Abrázame fuerte, compañera,
porque el sueño es solo voluta
y falacia la existencia.
Perché le stelle brillano nella notte
buia e chiusa.
¿Hacemos el amor o hacemos el amor?

MIENTRAS CONTABA OVEJAS

En la afasia del cosmos
despunta un mundo
de policromo cielo,
confitado y dinámico,
donde el cielo se ralentiza.
El relente espacial eriza
la hierba verde de espinas.
Heraldo de existencias antiguas,
arpías, celebra, algodón de azúcar,
un descarrío autómata distópico
sobre vidas oxidadas por estrías.
Las ovejas de peluche,
hijos nonatos,
abigarran el prado:
tablero de juego
de semidioses y arcanos.
Pécoras damasquinadas,
sibilas en elfos encarnadas.
Imperceptibles *patchworks*
conforman campiñas
y valles violáceos.
Los pebeteros, agotados,
ya no iluminan el poema

de escritura automática.
Veneros extenuados yermos:
no emana ni fluye el agua.
Las larvas de luciérnaga
cobran apariencia
exquisita extraterrestre,
bizarra e inquietante.
Fabrico, a modo de Go,
un prospecto trasunto
estelar multidisciplinario,
a la escala dimensión
de mi mirada instantánea
no trivial.
De puntos, diagonales,
dudosos vericuetos
y lógicas intersecciones.
Episodio relevante, entretenido,
¿delirante?
Sutilmente agónico,
visualmente no banal.
El Gran Unicornio Trascendente
que nos vigila
trasquila melifluo a sus ovejas,
¿nosotros?
Ignorando que
cada una de ellas
rige un planeta
de la galaxia Gutenberg.

EMPEDRADO ROMÁNICO

Hermosa calle adoquinada,
muros de construcciones románicas.
Camino, ¿hasta dónde me llevas?
Abomino las cadenas.
Estoy cansado, añejo
y tengo dolores nuevos.
Corazón, ¿adónde vamos
entre conflictos, traiciones,
sangre y escombros?
Amar es para siempre y sin medida,
descanso ni reposo.
Deceso:
todos morimos jóvenes.
Dadme pan, trigo, molino.
Fuente, tienes sedes
a millares que saciar.
¿Cómo será el destierro a las tinieblas?
Luz, asísteme,
que mi juicio flojea.
Hermano, abrázame.
Hospédame, mesonero,
que el vigor flaquea.
Arriero,

déjame hacer camino contigo,
que la noche es fría y oscura.
Tengo miedo y no alunecó.
Los pies al borde del abismo,
preciso abrigo.
Precipicio
el misticismo exiliado.
Superpuestos y pervertidos
los basamentos y principios.
El románico ha claudicado,
subyugado
al gótico barroquismo,
rendido al churrigueresco,
por platerías sobrepasado
e icónica imaginería.
Desde este instante
y en mis entrañas.

ORLANDO

Virginia,
¿qué destino ha corrido tu *alter ego*?
Vita está a tu diestra,
perfilada en alabastro.
El mar, la mar,
límite e infinito.
Tan portentoso que ostentas los dos géneros.
El binario normativo clásico
es reduccionista a todas luces,
insuficiente, no cabal ni real.
Faros hay tantos como fareros hubo.
Alfonsina, dónde estás.
Leo tus versos engastados en sueños.
Alguno está cosido al corazón.
Ahora las bibliotecas son muy accesibles
en bastantes lugares.
El sol templa el instrumento,
la luna dirige la orquesta.
Y la mar rememora
lágrimas de antiguos dioses,
iras de pirata,
cantos de sirena,
amores abortados,

suspiros de plata.
Arte hecho aguas, mas férreo
como los vestigios
de las naos que atesora.
Virginia, quién te teme.
Yo te amo como eres.
El isabelino y el victoriano
perecieron de marasmo.
¡Qué enardecida soledad padeces!
Nos obsequias tus más excelsas
ironías y vanguardias
fijadas por la imprenta.
Cada letra modelada
en fierro repujada.
Desaparecieron
aquellos viajes de los románticos
cuando hacerlos comportaba
aventura y riesgo
—no masificado—.
Iris Murdoch, ¿me recuerdas?
Mundana, extraña, mítica, trágica,
con trazas de comedia.
Me gusta el mar así como la petenera.
Son muy jondos, inconmensurables,
cante mayor, mayúsculo.
Tienen poca letra y muchos ayes.
Quejío que es un estremecerse.
Como la tímida espuma y la ola voraz.
Alfonsina,
tú que te enredaste en las algas,

qué canciones escuchas allende la mar.
Buenas noches, tristeza, y te ocultas.
Orlando deja estela ambarina
tornándose acuosa transparencia.
La luna, que en el mar riela,
nos salpica de salitre y penas.
La tempestad shakespeariana
es caja de Pandora cerrada.
Así pues, la abro con osadía.
Resulta tan estruendosa, romance tardío,
como el viento y los timbales en Wagner.
Orlando furioso, Ludovico Ariosto,
aparece entre teatrales cajas.
Asisto atónito al óbito
del último pájaro dodo.
Los secretos me traicionan,
no me enreden las palabras.
Las piedras pesan en los bolsillos,
orilla de arena muda.
Si pudiera adentrarme
en tus aguas sin mojarme...
Quizás fuera río modesto,
caudal frío,
cantarín y fluctuante cauce.
Dime, dios menor,
¿cuándo desembocaré?
¿Se pueden poner puertas
y candados a la mar?

LA DÁDIVA

El amor es un billete de ida y vuelta.
Caridad es un sustantivo abstracto en desuso,
herido de muerte,
en la UCI desahuciado,
que deberíamos reincorporar
a nuestro uso idiomático
y democratizar.
No procede asociarlo a la mojigatez
ni a la condescendencia.
Saber ponerse en el lugar de la necesidad
—hambre, falta de techo, miseria—
de una persona próxima
—todas lo son—
es de recibo y lógica.
Cubrir en algo esa carencia,
en nuestra medida.
La solidaridad es una acción civil
que denota hermandad auténtica.
De modo idéntico, la caridad.
El desafortunado que pide limosna,
¿cómo sería recién nacido?
¿Cuán amado y deseado?
¿Qué alegrías, esperanzas y adherencias albergarían

él y su familia durante su infancia y juventud?

O ¿qué sarmiento se torcería?

¿Qué maltratos y traumas padeció?

¿Se pueden medir la escasez, el dolor,

el miedo, el sufrimiento y el abandono?

Ante mí, una mujer anciana, gruesa,

de piel aceituna.

Abigarrada de faldones brunos.

Sentada en el zócalo de la blanca pared

al suelo, níveo asimismo.

Como lo son las estrellas de las callejas

en muchos pueblos mediterráneos.

Negro sobre blanco,

el bastón apoyado a un lado.

En una mano,

un platillo metalizado que semeja

los utilizados en campaña en las escaramuzas bélicas.

Para las monedas.

Enlutada de ti misma,

qué funestos existencia y sino.

Qué hedor mefítico soportas,

qué infierno de días iguales y yermos.

Mirada fija, perdida y regia,

estigia, tinta tu sombra.

Estigma y metáfora de una civilización

involutiva y fracasada.

Laguna del infierno,

en tu perímetro me reconozco.

Lamento tu vacío y pavor

que son los míos.

Dante y Galileo los discernieron.
Cada uno les dio forma y fondo
a su estilo y conocimiento.
Deme la mano,
tengo unos billetes y monedas.
Fundámonos en un abrazo.
Celebremos la vida por un buen rato.
Seamos hermanos de piel y sangre.

FANTASÍA FLAMENCA EN CLAVE DE SOL

La clave de sol,
belleza intrínseca,
fulgente morfología,
es el itinerario de una paloma
desnortada, perdida,
incendiada de luna y sol.
La clave de fa,
somera,
rama de laurel,
es una caracola
que se zafó del mar.
El cajón, instrumento musical de percusión,
es una aportación del Perú a la música universal.
La voz y guitarra criolla se acompañan del cajón,
bandoneón, castañuelas y otros instrumentos
diversos y autóctonos.
El vals es la música nacional del país andino.
Paco de Lucía importó el cajón de allá
y lo integró al flamenco para siempre.
Esta fusión en el cante jondo es muy reciente,
no anterior a 1977.
El baile del vals es bastante amarradito,
levantó alguna suspicacia.

La Iglesia católica tuvo la tentación de prohibirlo,
pero no pudo.
Ese compás de tres por cuatro
es la composición que en el XIX
ayudó a aglutinar e integrar el Perú.
Desbarató bastante el racismo
y las clases sociales en todos lo ámbitos,
y destronó a los géneros clásicos españoles.
Causa pasmo la belleza del vals criollo
en toda su verdad, majestad y supremacía.
Hasta la fatal comparecencia de Sendero Luminoso.
Chabuca Granda, entre varios otros,
lo sublimó e internacionalizó.
Ay, la flor de la canela.
Déjame que te cuente...
... Camarón de la Isla graba su penúltimo álbum,
su primer disco de oro,
lo que me desconcierta y confunde.
Casi todos los anteriores, que son muchos,
debieran haberlo sido.
El disco de flamenco con más presupuesto de la historia,
que se remezclaría en Londres, Abbey Road,
con su orquesta sinfónica.
«Por la rama del laurel van dos palomas oscuras;
una era el sol y la otra, la luna».

   —Ay, Dios, que yo no entiendo ná de lo que dice el Lorca este.
   —Tú tranquilo, es lenguaje poético. Quiere decir que el sol es una paloma y la luna, otra paloma.
   —¿Y por qué tienen que ser oscuras? ¿Y el laurel? ¿Qué pinta ahí si es las lentejas? ¡Que no me entra en la mollera! ¿Cómo voy a

aprenderme y cantá si no comprendo ná?

—Da igual que no lo entendáis. Tú lo cantas y ya está.

...

Camarón en su casa de Santa Coloma de Gramanet, Barcelona. Suena el teléfono.

—¿Quién es?

—¿José Monge?

—Soy yo, Jesús. Dime.

—Camarón, oye, que te han salido unos bolos en Madrid.

—¿Cuántos son y cuándo?

—Son dos en la Plaza de Las Ventas. Te confirmo las fechas. Tenemos tiempo para escoger el repertorio, los músicos y ensayar. De reunirnos con el director de escena y los técnicos. Y no de mucho más.

—¿Y cuánto me llevo yo?

—Dos millones limpios por cada concierto. Vamos a llenar, las dos noches, seguro.

—Espérate un poquillo, Pulpón. ¡Chispa! ¿Tenemos parné pa comer?

—¡¡¡Síííí!!!

—¿Pa cuánto?

—Pa dos meses o más.

—¿Jesús? Sí, mira, diles que no.

Y con esa negativa, acabó la crónica.

PUERTAS, VENTANAS, CELOSÍAS

Cuando se cierra una puerta
y no se abre una ventana,
estoy de encierro.
Un embrión inscrito en un huevo,
larva,
araña atrapada en un féretro.
Me deconstruyo,
restituyo,
reconstruyo.
Me resumo en las verdes aguas de la nada
para volverme a rellenar.
Medito y me reseteo.
Observo ensoñado a Hércules
sosteniendo la bóveda celeste.
Quisiera preguntarle cuánto pesamos;
la esfera y nosotros,
yo solo.
Trazo en mi imaginación
las columnas del debe y el haber
que soportan el mundo.
Clausura de libre elección
o esparcimiento agorafóbico.
Celosías.

El urogallo, el visón y la nacra
se van a extinguir pronto.
Acuerdo un diálogo
con un pájaro dodo.
¿Y las lenguas?
Existen seis mil vivas, la cifra es pírrica,
quinientas están amenazadas
de muerte natural.
Me recojo en mí mismo, ovillo,
leo místicos y científicos,
no difieren tanto en su búsqueda
infinita, circular, inaprensible,
de una esencia.
Qué somos,
hasta dónde podríamos evolucionar,
el guarismo exacto
de no sé exactamente qué
ni para qué.
La quintaesencia de los universos
y de la partícula más elemental.
¿Vacío? Jamás.
No hay descanso para quien cavila.
Mi amor y, del arte, la curiosidad, me validan.
Aunque no seamos del club
de la escuadra y el compás.
Revivo mi cuna: Grecia y Roma.
Reviso la paradoja de Schrödinger,
según la cual
un gato en una caja sellada
puede estar vivo o muerto,

dependiendo del momento
en que lo observemos.
De hecho, hasta nuestra verificación,
el gato está vivo y muerto a la vez.
¿Seremos nosotros actores activos
de esta inconsistencia de la física cuántica?
Falacia.
Quizás la vida consista no tanto
en realizar actividades por última vez
hasta el postrero aliento,
asunto obvio, inefable, ínfimo;
sino en ser alumno y maestro,
al mismo tiempo,
en el vericueto de la misma.
Regresa el cerrajero,
sereno de las llaves
de mis sentimientos.
Se abrió la puerta.
Marcho al campo,
a la montaña,
a la playa.
A tu lado.
Vuelvo al recoveco convexo
que forma tu piel,
a tu cuerpo.

ÁGUILA PÁLIDA

Águila pálida
en pico anzuelo recortada,
lisa sombra y pluma blanca,
rauda.
Ave bailarina grácil, zancuda,
de un panteísmo de la naturaleza eres suma.
Verdad y delicia del aire,
del vuelo la categoría y el asombro.
Chamán de deseo por un ala tuya.
Tu hogar albero, alero de nido aéreo.
Magisterio del bel canto,
oráculo en el rigor del verano.
Ave de paso en el mar de los Sargazos,
de brasero y fuego en el bosque y los campos.
El grajo Ganímedes había intimidado
con el recio granjero Jimmy.
Hicieron nido juntos;
se zafaban de sus parejas
para no suscitar recelos.
La poesía es un flechazo a primera vista.
Pájaro albricias de oráculos melómanos,
lirio violáceo, mirlo blanco.
Mítico gorrión incrustado

en la memoria de un niño
membrillo,
por una cigüeña nacido.
Trébol de cuatro hojas,
colibrí vestido de seda.
Sublime silbo de canario y jilguero.
El petirrojo atestigua un curioso caminar
malvavisco, estrella de anís,
eco de valles y cañizales.
Arrullo del arroyo aquietado.
Dicen que el pájaro de la juventud es dulce
en gozos y regocijos,
por las riberas de los ríos,
donde los álamos guardianes
y envarados, enhiestos juncos.
Paloma, sí, la de la rama de olivo,
vuela y dile que la quiero,
corre, que la espero.
Yo, que soy ánade,
que tiro del hilo del sueño de Ícaro,
esparciré mis cenizas diseminadas,
sin álgebra ninguna,
por la vasta estratosfera.

CARTA INÉDITA A FEDERICO GARCÍA LORCA DESENMASCARADO

Mil panderos de cristal herían la madrugada.
F. G. L.

Bienquerido Federico, hijito, cenicitas:
hoy la aurora me ha aleccionado para ataviarme
con la máscara de llorar por ti.
Este es mi rostro auténtico,
mis lágrimas saben salobres como las tuyas.
Trasunto de Colombina y Arlequín.
Federico, has quedado para la historia y los anales
como persona jovial, extrovertida, imparable,
imbatible, locuaz.
El ocurrente, el divertido, hasta mordaz.
El que nos deleitaba al piano,
desgranaba melodías, chascarrillos y chanzas.
El genio que eres.
Componías canciones, remendabas otras
y cantabas e interpretabas un río amarillo de felicidad.
Entretenías y encandilabas.
Nos deleitabas con una sonrisa de brisa perenne.
Qué falacia. Actuabas, sí,
demasiado té en nuestras vidas.
Larvatus prodeo. Avanzo enmascarado.

Yo conozco al otro.

Al de carne y hueso,

al desnudo, el verdadero.

El desconcertado, el doliente, el ignorado,

el de corazón de membrillo descarnado.

Al que visitó el desamor como un luto en abril

amarrado de gris.

A tu yo profundo.

Tenías tanto pánico a la muerte

que escenificabas la tuya de madrugada,

en macabra sucesión de rituales y teatros,

para exorcizarla.

El que aguardaba la respuesta

a docenas de cartas escritas

casi en vano, por desdeñadas.

Al que intentaron estafar y robar un dinero

casi siempre insuficiente.

El que amó porque eligió y quiso,

sin resultar jamás correspondido.

Al incomprendido, juzgado, insultado y vejado.

Al que el miedo le subía por las piernas

como hormigas rojas pisoteadas.

Hiriente y deleznable el «García Loca» buñueliano.

En el «Galcía Larca» de Dalí,

sobraba Gala o sobrabas tú.

Gala salió peor parada.

¿Cuántos cuadros te tuvo que dedicar Salvador

para no conseguir dejar de quererte?

Larvatus prodeo.

No te conocían, no me cabe duda.

La luna antigua observa a una moza lozana
lavando prendas en un Forlady y se desencaja.
No te quisieron sin condiciones.
No te amaron, sino que te abusaron,
botellas tristes vacías de ojos y estrellas.
Los abriles en sus cunas abortados.
¿Qué discurso contará tu verdad?
No olvidemos el perro andaluz,
superrealista e impactante.
Sí, eras tú, y lo supiste.
Losa la intrahistoria de los terratenientes
de Fuente Vaqueros.
¿Por qué la memoria es tantas veces
una sucesión y reiteración de tópicos?
¿Hubo cuatro hombres en tu vida realmente?
Eras tan bondadoso que te dejaste dispersar
por quienes pensaste que te querían.
Pero ni tú ni yo los vimos nunca por Granada.
¿Quiénes eran las cucarachas de *El maleficio de la mariposa*?
Contémonos, por una vez, una verdad al menos.
¿Qué precio tienen el amor, el fuego fatuo,
la fama, su perpetuidad?
Y, sobre todo, ¿qué valor?
Hasta de tus gitanos y sus zorongos te hicieron abjurar.
«Los putrefactos». Ese calificativo que tanta gracia os hacía,
que os daba tanta risa y que casi sale a la luz
como un tratado de los mismos en forma de libro.
Federico, el Platero de Juan Ramón es mucho más
que un burrito putrefacto, pestilente y escatológico
a cuyo cuerpo inerte acuden las moscas voraces.

Ni Góngora ni Juan Ramón son putrefactos.

Góngora fue el padre del culteranismo.

Juan Ramón es, él solo, toda una generación literaria.

Hasta el relato de tu muerte es una distorsión de la realidad.

Sí, te fusilaron, pero ¿quién?

¿Qué caballos desbocados hirieron la fatídica madrugada?

¿Les pudiste ver la cara, Federico?

No te embalsamaron en sábanas de Holanda

mas brotó una amapola en cada tecla de tu palabra.

La fosa común.

Larvatus prodeo.

¿No quieres ya escucharme ni verme llorar?

Te cantaré lo de las tres Manolas, para evitarte la fatiga.

Sí, prefieres el verde al azul intenso de tu perfil.

Mozo aceitunado de vesícula cimbreante.

De acuerdo, está bien, ya me callo.

Ya me iba, como todos, hijito.

Quitémonos las máscaras.

¡Silencio, silencio! Copio de tu Bernarda Alba.

¿Por qué tanta noche y malévola oscuridad?

La pena negra atenaza traslúcidas alas.

¿Por qué perpetuar la desmemoria y la mentira?

¿Es más fácil mantener una falacia que explicar una verdad?

La España polarizada continúa muy viva, con sus odios y rencillas.

No encuentran tus restos por Granada,

tiendo a pensar que viajaron y quedaron en Madrid.

Siempre te moviste mucho, de aquí allá, de allí acá.

Te quiero tanto...

Ay, Federico, ¿quién más te llorará?

ALGUNAS ESFERAS Y UNA BARBACOA

Si la función del círculo es incluir y excluir,
los universos conocidos están compuestos por esferas.
La esfera es continente de materia,
también puede estar vacía,
aunque el vacío siempre contiene cosas.
Es vientre materno, madre,
un pez globo, es Gloria Fuertes.
Supercueva y caverna platónica.
Los metales son noctívagos, maleables,
casi nunca nocivos o abrasivos.
Sol y luna, masculinidad y femineidad,
discurso cisgénero normativo clásico.
Los planetas de Gustav Holst.
Que no me siga quien no abrace la geometría.
Agradezco tu invitación a una barbacoa
en estos días aciagos de guerra y extravío.
No existen ya las estaciones,
cualquier día puede hacer buen tiempo o malo,
cualquier día puede ser complicado o amable.
Preferiría que acercaras tu boca a la mía,
susurrarte que tengo miedo al colesterol y al azúcar.
Además, creo que estoy alimentando
un trastorno de la conducta alimentaria.

Una esfera es una superficie de revolución,
formada por un conjunto de puntos equidistantes de su centro.
El universo se formó hace miles de millones de años, dicen,
también que se está creando a cada instante.
Estoy cogiendo gusto a estos besos tuyos,
no sé cómo vamos a acabar. Pon música cañera,
que me relaja, lo mejor es dejarnos llevar.
Después de lo que suceda, prefiero algo de clásica.
Bell me deja un par de mensajes y unas fotografías.
La ruta de la fuente del mundo, sus lilos,
que serían la envidia de doña Rosita.
El eclipse solar lo verán bien en México,
en Béjar lo echan por la tele.
De «los lunes de las aguas» en Salamanca,
ciudad que tanto a Unamuno me recuerda.
Cualquier punto de la esfera de longitud menor a su radio
se considera un punto interior a la misma, es de cajón.
Lo que me obsesiona es: «qué es la materia».
Ya los griegos hacían sus disquisiciones y clasificaciones al respecto.
Los objetos corpóreos y los objetos físicos son cosas distintas.
Si llamo x a un objeto corpóreo, su objeto físico asociado es Sx.
Sx es la presentación de x, y su representación.
Es lo que estudian los científicos en sus microscopios
y en el espacio exterior, Sx.
Luego, extrapolan sus resultados estadísticamente (desviación típica),
que son numéricos siempre, matemáticos.
El mero hecho de observar científicamente la materia física
la modifica.
Por ello, nunca podremos aprehender con exactitud un objeto.
Un cambio en una esfera produce alteraciones en las otras tres.

Pájaro, aire, agua, tierra.

La *Música de las esferas*, de Coldplay, es harto notable.

Ellos quieren ser famosos, ya lo son bastante,

ignoro cuánto podrán estirarlo (tampoco me incumbe).

La última canción, la más larga y mi favorita es *Coloratura*,

suena como una suite cósmica. Bóveda celestial.

Cosmos y armonía: beldades siamesas.

Si pones en la parrilla pavo y verdura, acudiré a la barbacoa.

Muy amable, muchas gracias.

Ahora la esfera gira, da vueltas y yo me encuentro

a una distancia menor que su radio,

     caigo

           y caigo,

sopesando, calculando, que me sujete la red

de tu poema en su belleza y pericia.

Esto sí nos incumbe, ¿haremos «la cucharita»?

Existen esferas para todo en la vida,

en sus saberes y disciplinas.

De acuerdo, más tarde.

Las de la psicología son la sensibilidad,

la afectividad y la racionalidad.

Quería pasar antes por una tienda de discos,

voy en el Chevrolet y me tomo una cola helada.

Nada de Seven Eleven, terraza con vistas

para «ver pasar», como dice mi hermano.

No me van a dejar fumar en ningún caso.

Permanecer ahí una hora larga ojeando lo que tengan,

tantear sus lados, tocar sus vértices,

disfrutar su olor, el arte de sus carátulas.

Elegir algunos, desechar la mayoría.

La esfera del planeta Tierra está en el ojo del huracán.

Pagar y volver a casa con una sonrisa de luna nueva.

No hay nada mejor que los discos recientes y la luz no usada.

Sí, sé que tú prefieres los cedés y yo continúo siendo analógico todavía.

Recojamos las colillas del césped, por favor.

Acabo de recordar que las tiendas de discos ya no existen.

VENECIA CONTIGO

La barca de fácil metáfora,
góndola,
emoción intrépida,
alma bañada en niebla
de pirata y de poeta.
Desaliñados gondoleros desafinados.
El marqués de Bradomín,
ahíto y harto perjudicado,
se ahogó en tus aguas lacias.
El alma inasible:
estela que deja un duelo amargo
de piel de limón.
Detective de lo recóndito en lo nimio,
halo en la voluta de humo,
la verdad de tu fuego.
En primavera,
exulta la carnívora Sarracenia flava,
sin alas de abeja,
con colmillos de piraña.
Amarillo y ocres no agraciados.
Tonalidades opuestas
a una puesta de sol báltica.
Malaika es un ángel femenino keniano

que se entretiene sacando brillos
a cristales opacos.
El deseo se vierte en piedra,
en sus cerrojos crepitan fermiones linfáticos.
Tomo té en The And Hotel,
con la fantasía de interpretar
algunos desvelos de Aya Sofía.
Luego,
camino raudo por rincones
de la orbe iridiscente,
librerías de viejo recónditas,
en busca de una reliquia enmascarada.
Las letras acuden
donde habitan los besos.
Venecia, elegido mirlo blanco,
será contigo,
Rávena, tu hogar, está próxima.
Suena *Toxiticy* al máximo volumen,
mientras escribo estos sofismas,
las neuronas del estómago van a emigrar.
Huir de la naturaleza maldita
que rebulle en légamos
para retornar a la infancia añorada.
Retomar el resuello de la ignorancia.
¿Estamos creando belleza
desde el horror más atribulado?
Volaré de Madrid a Roma,
de la Ciudad Eterna peregrinaré
a la Reina del Adriático.
Los derechos y los deseos nunca coinciden.

Mas yo quiero cruzar la orilla,
solo eso,
el vasto charco salado.
Alcanzar la ribera opuesta
marcará un hito
en la historia de mi resiliencia,
mi único sino y anhelo.

ALGUNAS CONSIDERACIONES SOBRE LA MAL ACOTADA MÚSICA CULTA

Lo que llamamos música clásica es un cajón de sastre. Se suele incluir en esta categoría desde las primeras polifonías hasta la música atonal del último tercio del siglo pasado.

Vulgarmente denominamos música clásica a cierta música culta que abarca un período de casi cinco siglos.

Veamos. La música renacentista no es música clásica. Tampoco lo son la barroca, la romántica, la nacionalista, etcétera.

Es como si en la historia de la música ligera llamáramos rock a lo compuesto desde los primeros blues hasta Björk. Una simplificación maniquea, además de falaz.

Música clásica y música culta no son exactamente lo mismo. Para abreviar, no me adentro en ese jardín.

El clasicismo musical comienza aproximadamente en 1750 y termina alrededor de 1820. Punto.

La sinfonía incorporaba una serie de normas y encorsetamientos más estrictos que un soneto o un guardia de tráfico.

En el clasicismo se escribía por encargo y patrocinio para reyes, emperadores, papas y potentados. Mozart fue quizás el último músico que compuso apadrinado.

Beethoven supuso una revolución: fue el último clásico y el primer romántico. ¿Por qué revolucionario? Porque subvirtió la norma impuesta. Sus dos primeras sinfonías, ciertamente, fueron «clásicas». La tercera, que por cierto dedicó a Napoleón, cuyo nombre posteriormente tachó de la partitura, no es clásica sino romántica y, por extensión, la primera sinfonía moderna de la historia de la música.

El salto cualitativo de Mozart a Beethoven es descomunal. Así, frente a los cientos de sinfonías que firmaron Haydn y el austríaco, reproduciendo el esquema clásico, Beethoven solo escribió nueve. Y con coral la última, ¡qué ultraje!

La revolución sucedió, fue mayúscula y creó un precedente. Comparable hoy día a «antes del autotune» y «después del autotune». O a la música digital frente a la analógica. Hasta el punto de que el sucesor natural de Beethoven, Brahms, solo rubricó cuatro sinfonías.

El recurrir a la manivela de componer pasó, literalmente, a mejor vida. Mahler, en un esfuerzo titánico, sí dejó diez. Su novena no se puede llamar «la novena», porque ese número ordinal ya tiene poseedor. Así que podemos denominarla «la posterior a la octava» o «la anterior a la décima». Ja, ja, ja.

Además de la sinfonía, los conciertos para algún instrumento y orquesta, tríos, cuartetos y quintetos son otras composiciones señeras de la música clásica.

La sinfonía estaba usualmente formada por cuatro movimientos. El primero tenía que tener una introducción lenta y presentar seguidamente algunos temas fundamentales, luego a desarrollar. Suele ser *allegro* y tener forma de sonata. El segundo movimiento, lento, podía ser un *adagio* o un *andante*, por ejemplo. El tercero, más rítmico y veloz: un *minueto* o un *scherzo*. El cuarto, sonata o rondó, debería ser un compendio, recopilación y sublimación de algunos temas ya escuchados.

Puede incluir motivos nuevos. El final, apoteósico, por descontado. Este esquema es válido también para los conciertos.

Beethoven compuso lo que quiso y como apeteció. No se ajustó a este patrón fijo castrador. Opino que sus sinfonías, cuanto más largas, mejores son. A excepción de la quinta, obra maestra absoluta y de extensión breve. La tercera, quinta, sexta, séptima, octava y novena son de escucha y disfrute obligados.

Un iniciado en la sinfonía debería ser capaz de distinguir a papá Haydn, Mozart, Beethoven y Brahms con solo oír unos compases.

Algunos musicólogos coinciden en que lo mejor de la música «clásica» está en lo que ellos llaman las tres «bes»: Bach, Beethoven y Brahms.

En materia de color, el que a cada uno gusta es el mejor. Existen composiciones menos antiguas que gozan de aquiescencias bien merecidas. Tampoco olvido la ópera como género mayor.

Amante de la música clásica, y aquí caigo en la vulgar trampa, estiraría este ensayo *ad aeternum*. Pero no os aburro más. Eso sí, recomendarla siempre.

Quizás para algunos, en un principio, exija un pequeño esfuerzo, como todo lo bueno. Quien todavía no haya caído en sus redes, se está perdiendo artes, delicias y saberes muy gratificantes y gozosos. ¿Acaso no nos agrada y embriaga la poesía?

Hoy pareciera que no vivimos días halagüeños. Demasiadas jornadas, algunas aciagas, corremos para casi todo, hay penas que perseveran. La vida no se detiene, la música es eterna.

LAS GALLINAS PUEDEN SER BIZCAS, PERO NO TONTAS

Las gallinas de Xuan ya no se dejan tomar el pelo.
Encaramados y apostados al vallado,
a la vera de la grama de su finca,
los niños pequeños las contemplan y jalean.
Ellas son bastante escandalosas.
Cloquean, picotean y se pavonean
como una tía abuela muy pintiparada.
Estiran el cuello, ladean la cabeza rápidamente
y observan aquí y allá como despistadas.
Estas gallinas son pizpiretas y aleladas.
Gloria Fuertes les sacaría un poema bonito
con rima fácilmente.
Algunas están bizcas, hay además una tuerta.
Los niños las llaman con onomatopeyas obvias,
fingiendo que tienen comida en sus manos.
Ellas acuden con algarabía,
pletóricas de alborozo, caen en el engaño.
Gallinas cluecas y lerdas,
malicia en el gesto de los guajes.
Patraña que se repite el día siguiente y el posterior.
A partir de entonces, hacen caso omiso.
Y es que estas gallinas pueden estar bizcas,
pero no son tontas.

El gallo de Maoxa canta fatal.

Esto no es canto sino suplicio: hace daño a los oídos.

Maoxa nos cuenta que estas Navidades ha matado y comido

unos pollos que han resultado deliciosos, de carne negra.

Pone mucho énfasis en el atributo «negra»,

pronunciando exageradamente la «erre»,

como hacen los euskaldunes para no levantar la sospecha

de que no saben en realidad pronunciarla correctamente.

Y yo, que soy más de ciudad que la polución,

me pregunto cómo la carne de un pollo,

por bien asado que esté o no, puede ser negra.

El gallo, no recuerdo su nombre si lo tuviera,

cantaba con la voz intermitente, cascada y bronca,

completamente desafinado.

Insoportable cacareo horrísono,

bien feo, vamos, con tilde en la «efe».

Le digo a Maoxa, oye, ese gallo que tienes ahora

canta fatal, ronco, no tiene oído, voz ni vergüenza.

Sí, responde ella, Volodosio, ¡es verdad!

Me mira con picardía y le da la risa,

me río yo también.

Al caballo Barrioso, que siempre está atado pero en largo,

me gusta llevarle manzanas, las que se caen del árbol,

se pone muy contento y es agradecido.

Me recibe con hospitalidad y hasta relincha,

dibuja cabriolas de alegría.

La niña Eloína tiene mucha querencia por las gallinas de Maoxa.

Entra a su casa las tardes en que ella se ausenta,

hoy la voy a acompañar. Se dirige rauda al gallinero.

La playa de la Huelga no está señalizada. Así que,

recoleta, la tenemos toda para nosotros y pocos más.

Cuando el Ayuntamiento la señaliza y coloca

el cartel indicador de la misma, los vecinos lo quitan,

son más rápidos que los peones que envían los ediles.

Bien es cierto que cada año acuden más bañistas,

será el boca a boca, hay bocazas también.

El año pasado me caí al río,

fue muy desagradable y desalentador.

Un mal rato y largo. Caí como a cámara lenta

por la falla que formaba la tierra y tanto canto rodado que se clavaba.

Llevaba una abultada bolsa playera, con teléfonos móviles,

ropa limpia y artilugios variopintos. ¡Qué desastre!

Me envolvió una melancolía muda

y ya no hablé el resto de la tarde.

Luego se me pasó. Las vacaciones de verano en Hontoria

son una invitación permanente a la felicidad.

Eloína es una niña pizpireta con pájaros en la cabeza.

Es muy rubia, con el sol y el salitre se le pone el cabello

medio verde; espigada y agraciada.

Este curso ha sido la portada de la revista de su colegio.

Da de comer a las gallinas de Maoxa con desparpajo,

rapidez y una gran habilidad.

Eloína, pero ¿tú puedes hacer esto? ¿Te deja Maoxa?

Preguntas innecesarias, ¡pues claro!, lo he hecho un montón

de veces. Es obvio y salta a la vista.

A ver, estas para aquí, vosotras para allá, vosotros fuera,

estos venid..., se maneja como un guardia de circulación

al que obedecen raudamente, para mi pasmo.

Y soy un niño feliz de manzana caramelizada

y algodón de azúcar.

Qué destreza y saber, qué pericia la de Eloína.
Coge el grano y lo esparce al aire, lo hace volar,
lo varea como quien siembra o recoge la aceituna,
con profesionalidad.
Las gallinas, gallo y pollos, con mucho estruendo,
enloquecen, picotean y se ceban.
Como, cuando del verano queda solo su recuerdo,
su sol y su risa, su pizca de sal,
a veces me cebo con una difusa desazón.
Pero el estío volverá, y con él,
mi razón para ser en plenitud.
Mientras tanto, picoteo y rumio,
barrunto asuntos insulsos,
nimios,
sobre la vida y el destino.

EL ESPACIO INTERIOR

Disforma ser analógico en un hábitat digital.
Derrotadas las áreas de confort,
la resiliencia se postula
como al aire la erosión.
El amor me llevó por veredas
de cuyo tránsito me arrepiento,
tal era la necesidad.
El espacio interior es desconocido por los dioses,
semidioses y oráculos antiguos.
Las hadas, duendes, gnomos y trasgos lo ignoran igualmente.
Estos entes son invisibles al ojo humano,
excepto si amaran a una persona,
ser inferior para ellos.
Por amor serían observables e interactuantes.
El espacio interior es sereno remanso,
río aquietado, lago azul.
Cielo abierto, ala de ángel, caricia de sol.
El atardecer sobre los trigales morenos,
el sabor del mar.
Es silencio interrumpido por la luz de tus iris,
una caricia robada, un beso quizás.
Es bonhomía, voluntad de camino.
Tolerancia y honestidad.

Admitir el paso de los días con naturalidad.
Tender la mano y ofrecer los brazos.
Melodía fresca en la mañana inesperada.
Hongo que medra ininteligiblemente.
El calor de la hoguera, la lluvia en un relato.
Poesía en clarividencia,
lenguaje trasversal.
Travesía de desierto,
amparo de oasis,
hospitalidad.
El espacio interior es cuando me quiero,
me quieres, nos queremos.
No tiene precio y no existen hordas ni ejércitos
que lo puedan domeñar.
Es desnudez, saber despedirse,
también saber permanecer.
Analogía más digitalización.
Espíritu de holograma,
corazón de oro.
Rusticidad, robustez.
En la mediana exacta entre utopía y distopía,
el acervo agazapado en mis genes.

CARTA BREVE AL HIJO QUE NO TUVE Y UN SONETO

Naciste del amor.
Deudor eres de él y su paloma mensajera,
emisario de recónditos senderos.
Pisa fuerte,
arruina zapatos por pares.
La vida no es derecho ni mandato, sino regalo.
La golondrina danesa es añil.
El camino no es recto ni impar,
puedes elegir entre varios,
rechazando otros tantos.
La rosa tiene espinas, mas es rosa.
Algunos congéneres esconden cartas marcadas en la manga.
Otros, adulaciones, dádivas y adhesiones.
Guárdate de todos ellos,
cultiva y abona la amistad.
No persigas el éxito, intenta ser feliz.
Los excesos cobran intereses de usurero.
El dinero es el medio, no el fin.
Las equivocaciones tienen remedio a tus años.
Si caes, puedes levantarte.
Remeda y cura lo roto,
construye puentes de oro.
No somos lo que logramos,

el tigre no es de cristal,
sino lo que superamos.
Eres tu mejor amigo
y el peor enemigo en potencia.
Ama sin medida y sé bondadoso.
La alegría se te concederá por añadidura.
No tires piedras sobre ningún tejado,
propio o ajeno.
Merécete el sustento con trabajo y tesón.
A nada ni nadie perteneces.
Huye de grandilocuencias, socorre al desfavorecido.
Sé transigente con las debilidades ajenas
y crítico con las tuyas.
La caricia y el abrazo acostumbran ser de azúcar.
No minusvalores ni endioses a nadie:
somos hermanos.
Cuando quieras compartir cualquier cosa,
estaré a tu lado siempre.

Tu risa leve de niño incipiente
recuerda otra que escondía dentro.
Casi olvidada, pero en su centro,
moran alegrías, aunque silentes.

Ni me entiendo muchas veces. Mi mente
divaga cuando en cavernas me adentro.
En abisales cuestiones encuentro
la costumbre de enrocarme en mi ser viviente.

Que el candil y el canto te sean fieles.
Sean propicios amor y destino.

Vivas el día y jamás te resientas.
De la vida cosecha y brinda mieles.
Que la resiliencia sea el camino
sólido de quien cae y se reinventa.

EL RELATO DE LAS FRASES HECHAS REDUNDANTES, EXPRESIONES REDICHAS Y ABSURDAS, DICHOS RESABIADOS Y DISPARATADOS

Toma uno. Silencio, claqueta.

El Chule amaba la vida, sus placeres y vaivenes, aunque no asimilara la edad que tenía, quién narices lo hace. Sabía lo que le apetecía e ignoraba lo que se estima importante. Vivía el sino de los tiempos, Madrid, primeros ochenta del siglo pasado.

Era primo del excuñado despistado de la abuela marchosa. La música corría por los tugurios y las venas. Y se vendían discos, qué leches.

Nos veíamos en los bajos de Orense, en las discotecas de moda, tardes de domingo a horas imposibles e improbables. Intempestivas, eso. Bailábamos música disco. Poco público tras tanta fiebre del sábado noche.

Ángeles y el Chule tenían pilas para rato. Que si piña colada o cubata, lo mismo da, el tema es pillar el puntillo para aguantar el tirón.

La abuela preocupaba a sus hijas, y estas a sus nietas. Mamá, no salgas tanto de marcha, no bebas demasiado, no pierdas de vista las llaves, hazte cuenta de que hay mucho desaprensivo por ahí, no vuelvas tarde a casa, mamá, que tienes ochenta y tantos años, que tal y cual y Pascual, ¡llámame cuando llegues!

El Chule era un pan: harina, agua, sal, almidón, levadura y horno. Mayormente sin añadidos ni conservantes, los peores llevan la vocal «e» por delante. Con sus consistencias y flacideces, su fina costra y su mucha miga. Lucía barba y bigote nevados. Gafas John Lennon de espejo mandatorias.

Luego, inesperadamente, ella se hizo famosa, «la abuela rockera», le decían. Lo que tú mandes, lo que haga falta, vamos, anda. Salía en los medios y la prensa se hizo eco. Fue portada del disco *Tocar madera* de los Panzer. Cuero negro, fondo oscuro, el puño derecho levantado, con los dedos índice y meñique izados. Tampoco le afectó mucho aquel revuelo ni perdió cierto anonimato. Continuaron viviendo su libertad un tanto inconsciente.

Él se puso chupa, un arete en la oreja y se dieron, almas gemelas, al rocanrol.

Litrona y mucha marcha, como Charito.

Dejaron los bajos de Orense y Argüelles, Aurrerá, dale a la leche de pantera y a los mejillones cabreaos, por los conciertos en el Parque del Oeste. Mola mazo.

Por entonces hasta Luz Casal era roquera y no lo que es ahora, tan afrancesada. Loquillos, bastante troglodita, roqueros de todos los colores y plumajes, mucho mediocre advenedizo, diletantes rutilantes, bandas marcianas de nombres malsonantes, algún punki y por ahí.

Él pilló una guitarra eléctrica, jamás aprendió a tocarla. Como Mateo, quedó en la pose, poco más. Qué risa floja le entraba, qué fetén se lo pasaban.

La abuela Ángeles también iba de cuero, pero con chinchetas, dónde va a parar. Y la gorra a juego. Tenía el alma coqueta y un poco subversiva, al estilo de las fiestas del partido comunista de entonces. ¡Qué tiempos!

La abuela roquera y el Chule no paraban de jueves a domingo. A la vejez, viruelas y no por mucho madrugar amanece más temprano. Molaban mogollón.

El Chule bebía los vientos por ella, que casi siempre se dejaba querer.

Y así pasaron varios años, tal cual. Y es que el tiempo pasa volando que es una barbaridad.

Ángeles acabó viviendo en casa de una hija, recoleta y apañada, en el

Valle del Kas.

Al Chule, un mal día, fijo que estaba nublado, la parca le sorprendió en
un traspié a la vuelta de una esquina. Algunos le lloraron, aunque no
«su chica secreta», ya ni una cosa ni la otra ni la tercera
a estas
alturas de la película no se enteraba de nada.

Siempre que pasa igual, sucede lo mismo. Y, más o menos, hasta aquí
puedo leer. El resto es *off the record*.

Claqueta final.

Vivieron de muerte y murieron de vida.

Pensándolo bien, no estuvo mal.

CANCIÓN INFANTIL DE CORRO Y UNA CODA

Sapo, sapito, sapete miope,
reciba usted mis buenos días y deseos.
Deme un besito y escóndase en su barrilete.
Corre que te pillo,
salta que te piso.
Buenas tardes, sapo, sapito, sapete verde,
te he traído mijo y mosquitos repelentes.
Que disfrute usted del banquete.
Sapo, sapito, sapete nocturno, buenas noches,
ojos de lechuza,
baile al son ruidoso del martinete.
Duerma en la mesa donde escribo
sobre el tapete.
¿Le place la lechuga?
Fascinado por un dulce esférico,
con agujero en medio,
tus ojos retráctiles lo escudriñan con esmero.
No sé si lo comerás, eres glotón y cantas feo,
o harás de él tu hogar y brasero.
La rana, tu pariente, está en riesgo de extinción,
de lo que infiero que es más apetecible, apetitosa
e inadaptada al medio que tú,
petimetre.

Corre que te pillo,
salta que te piso.
Sapito juguetón,
dibuja gracietas y piruetas,
que preciso recuperar mi remolona risa.
Que eres simpático y repulsivo,
es bien cierto y oxímoron.
Qué vida esta en la que si besas a un sapo,
te conviertes en princesa.
Y si él te besa, su ósculo te transforma
en canto rodado de musgo.
Las princesas huyeron de los cuentos
hace muchos lustros ya.
Habitan todas en el pernicioso harén acuático
de bellezas muertas del rey Arganzul.
Los príncipes duermen el sueño eterno,
como la siempre niña Ana María, esperando,
en el plácido abrazo de Morfeo, que el beso
de una saga nórdica, les devuelva el aliento.
Para continuar un incierto ciclo vital
en el que todo es apariencia
y las diligencias están subvertidas.
Transparencias de estrella de mar.
Sapito minúsculo,
emperador batracio,
vayamos a la charca infestada,
tras la siesta,
a jugar con los seres fluviales al churro va,
o al corre-que-te-pillo.

DOLORES IMAGINADOS. SUPERREALISMO INSANABLE
MANIFIESTO

Músicas del absurdo, enfermos imaginarios,

médicos a palos, huestes hospitalarias,

plebeyas corralas de ralea correveidile.

Cada día hay más muerte que vida

en los valles del miedo,

en el pavor inasible de los huesos desencajados.

Calesas pestíferas exportan

repentinos decesos

que supuran excesos.

Hierve la acera, acecha la fiera.

En el fragor de la batalla,

nadie piensa ni recuerda,

cada segundo se emplea el cerebro

solo en subsistir al siguiente.

Gusanos cruentos y hambrientos

hacen cola en el mercado

de viandas suculentas.

La huraña burbuja de la existencia

empeña harapos de huéspedes

trepanados mudos.

Jóvenes de vidas abortadas

por pavor a la guadaña afilada.

Baratijas de *influencers* descabezadas.
Sabañones en las almas mortecinas y livianas.
Sulfuros, beleño, el calor multiplica virus,
bacterias y turistas veraneantes.
Viran los coluros de esta Tierra
malhadada y orate.
La mirada se ralentiza,
cóncava la cámara
y las bocas se espesan
de desidia y mentira.
Melancolía de saldo,
rebajas de emplastes y paños.
Absurdos enlatados
en bombas con destinatario.
Débil sociedad de estertores
de feria enferma esférica.
En el tren de la bruja dormitan
restos de dentaduras postizas.
Maromas deshilachadas,
rudos muelles de olvido abandonados.
Sábanas polutas,
vastos espacios clandestinos amurallados.
Medianas claustrofóbicas,
rumores de clausura,
cuentas de antiguos rosarios.
Se asfixian los fuelles,
se alisan los rigores de rostros y acciones.
Se abren juicios sumarios
a los engreídos palmarios.
Libros hueros,

abigarrados cantos de salmos viejos.

Jugar a juntar palabras,

palabras que no son nada.

Las alfombras esconden sombras,

jirones grises,

seres minúsculos híbridos.

Pesadillas que quisiera fueran sueños.

Si la vida va en serio,

me la puedo tomar a inalienable guasa.

Larga tolerancia

al hermético aberrante sistémico.

Niños perdidos, ancianos desvaídos

de eras, surcos y años.

Varados arados.

Me pesa sentir que volver es rémora,

y permanecer doloroso.

El amor platónico es errabundo,

ensoñador e irrealizable.

Es deseo imposible que llora como fuente cristalina.

Caleidoscopios de brillos hipotecados.

Sufrir por amor puede ser

tanto una patología real

cuanto un dolor imaginado.

Quisiera tan solo seguir transitando

por la estela de la belleza,

esa ventana espejo.

Y saber olvidar.

PROMETEO ENCADENADO. EXTRAÑA FORMA DE VIDA

Los pebeteros están agotados y yo mismo
devorado por la tediosa rutina
y sus infinitas exigencias.
Se tragó las olas del mar
y le sentaron mal.
Las arrojó para diversión y solaz
de las caprichosas nereidas.
Yemanyá vigila.
En Odesa, el pez chico se come al grande.
Las Perseidas ríen entre dientes
ante la mirada oblicua de la sierpe enardecida.
Las ninfas, que presiden juegos,
fingen ser rosa, malvavisco y coral.
En Deba, los estibadores ultiman
negocios retuertos con los gavieros.
Saturno intenta devorarme
y logro zafarme.
Los semidioses ciegos recolectan
esquirlas de naufragios antiguos y esquivos.
Tangaloa, Huixtocihuati y Ma-tsu
se retan a los juegos de Go y Mahjong.
Los brillos que el sol refleja en la mar
son escamas almendradas de peces cimbreantes.

Las algas se me enredan en la playa de Deltoya.
La diosa Marina se transforma en agua
para poseerme o devorarme.
Las cuentas de sus collares son muy solicitadas.
Los maestros perfumistas utilizan una molécula
que huele a la brisa del mar: el calone.
El mundo, el demonio y la carne se ofrecen
tanto en escaparates regios
como en turbios tugurios infestos.
Refulgen: son oro, otean atmósferas,
los astrolabios magníficos de Cinta Rosa.
Los jinetes del Apocalipsis, descabezados,
galopan locos sin rumbo ni destino.
Suenan los fandangos de Huelva del Cabrero
de fondo, republicanos ellos,
republicanos todos.
Los gargantúas, los gigantes y cabezudos, me dan miedo.
Prometeo, encadenado, se devora a sí mismo.
Deja una estela de raíces y lodo el eco de su cuerpo,
solo sombra de lo que había sido.
¿Habrá alguna forma de existencia
tras esta extraña forma de vida?
¿Querrá la mar ser río?

ODA AL GATO. PASARELA *CATWALK*

Anverso y reverso
de la misma moneda,
el can es amigo del hombre,
su simétrico numérico,
cara y cruz.
El gato es su inverso,
una letra musical,
s giratoria,
bufido, arañazo,
péndulo en equilibrio,
el roce, el cariño tal vez.
Un idioma de difícil declinación.
Sombra chinesca,
grácil pirueta.
Gato eléctrico,
huidizo y elegante,
proclive al escondite
y a los lugares recónditos.
Del juego amante.
Voltereta mareada,
del vacío trapecista,
secuela del aire.
Andares de maniquí,

costumbre de *influencer*.

Pasarela *catwalk*.

Curioso, erguido, caprichoso.

Ovillo de lana, caja de cartón.

De pelos vorágine,

modelo de aseo.

Chispa de chismorreo

palpitando itinerante,

boca de mariposa crepitante.

Tienes los ojos de David Bowie,

una errata ortográfica,

un hallazgo sintáctico.

Pleno de luna y estrellas,

semánticas de poeta.

Gato de Cheshire, gatos de Abisinia,

del Siam, del Nilo,

gato prehistórico sagrado,

adulado por todas las razas.

Gato pez plateado,

del agua enemigo,

colega del aire.

Arrojado bucanero

de linaje embaucador,

exultante lisonjero.

Verdad en el eco de tu maullido y razón.

Oficio de tinieblas y silencio,

tal que el proceso de escritura.

Haragán hiperbólico

de minuciosa soledad.

Majestad felina misteriosa,

sagaz lince de espantos ínfimos.
De la calígine emperador.
Perueta piripecia.
Afecto al calor del fuego
y a mi regazo.
Tu ronroneo es una suerte
de lenguaje placentero.
Tu roneo se asemeja al amor
y amor se me antoja.

UNA PALABRA TUYA, UN VERANO MÁS

Una montaña, las salinas,
el desierto interior
en la mente y en el cuerpo.
Cuarenta días en el desierto bíblico
conforman una espera exasperante.
Mi montaña no es tan mágica
como la de Thomas Mann,
ni tan salubre.
Labilidad y marasmo,
un verano más.
Misma ciudad, mismo hotel,
misma habitación, misma soledad.
Viejos libros y nuevos,
música para elegir,
amigos, conocidos,
quizás otros por conocer.
Recurrentes debilidades y miedos,
inéditas esperanzas y anhelos.
Un desayuno con Juan.
Un verso que aguarda ser escrito.
Un poema más,
tal vez un libro entero.
Comidas frugales, paseos nutritivos,

cafés de artista señeros.
Museos y teatros,
ópera y flamenco,
conciertos y silencios.
El sabor del azahar
y el jazmín en la boca.
El limón de la magnolia,
el jardín botánico está seco.
El tiempo que me resta
es una lombriz que se pliega
para hacerse más pequeño.
Muchos planes hacemos
para una vida tan corta.
Las hojas del calendario se caen
en incesante goteo.
Y desaprovecho días enteros.
Conviene guardar las uvas de la felicidad
en racimos diferentes.
La mariposa me susurra secretos:
melodías de oscuras esquinas y amores.
El sueño vívido del zaguán,
del que no sé si salir o entrar.
Y me sumo en mi gruta profunda,
insondable.
Entonces apareces tú
como de la nada,
y una palabra tuya,
un gesto leve, imperceptible,
lo cambia todo
y me transforma por completo.

UN PEQUEÑO GRAN GESTO O LA TRANSUSTANCIACIÓN DEL AMOR

Observo,
desde mi privilegiado lugar de lectura,
un recodo fresco y bucólico
a la vera de un riachuelo,
a un anciano plácido
apostado en una silla de ruedas.
Conserva la dignidad humana exacta
que puede conferir una edad
próxima a un siglo completo.
A su lado, muy pendiente, la mucama,
generosa y de cariño regalona.
Iba a decir solícita,
poco puede solicitar ya este hombre,
que ha pasado de la vejez a la infancia.
Al que le asoman las alas
que visten y caracterizan a los angelitos,
suplantación cristiana de los paganos amorcillos.
Ella toma una de sus manos.
Establece un juego,
que no acierto a aprehender,
con cada uno de sus dedos.
Para cada uno, un sortilegio diferente.

Es una relación privada,
no quisiera inmiscuirme,
no ha lugar ni espacio.
Sé que él es feliz en su inocencia,
quizás no hace mucho estrenada.
En sus manos blancas,
en su ausencia ya
de mochila o carga.
El amor de ella y el agradecimiento de él
son de ida y vuelta. Parejos.
Será lógico que se quieran,
extraña pareja,
amor níveo y puro.
He sido extraño e intempestivo cómplice.
Me emociono.
Y colijo que su relación es entre ellos y el Cielo.
Dios es testigo, les va bendiciendo
cada gesto, cada instante.
Y entiende que,
entre la inmundicia e indecencia de este mundo,
es bueno, supremo, y le place.
Les deseo todo beneplácito.
Y a mí,
no ser el único espectador pasivo
que se apercibe en términos análogos.
Testigo insólito de actos mágicos por infrecuentes,
impactantes por elevados.
Doble efigie seáis
de quien al mirar se ve.

SALAMANDRA BLANCA

Recorro calles de pegamento,
entrañas desgarradas,
sillas enajenadas,
estaños verdes.
Mido mi dolor con regla de cobre.
Cuando las emociones se tambalean,
lo único estable es la tortuga
que habita solitaria en la terraza.
Hasta la rutina se torna
adversaria empecinada.
Se suceden jornadas idénticas.
La vida pica como el ají.
Prefiero el milagro de otro amor
a padecer este.
Valentía y gloria de mirmidones
que afrentan ignavos sufrimientos
en tapices de cristal.
Aire nuevo
de sangre inédito.
Deseo: melodía de pífano
de hueso seco.
Cuerpo adonisíaco,
llama que enciende un fuego

que guarda la llave del silencio.
Vocación estética
con superficies éticas.
Escudriño hacia donde la tortuga mira ahora:
una salamandra blanca adosada,
pátina estatua de sal,
a la blanca pared,
entre los heliotropos
con fragancia de vainilla.
Catarsis y epifanía se suceden.
Triángulo escaleno preciso:
la tortuga, la salamandra y yo.
Fuego fatuo que azuza una vestal.
Y siento que mi corazón
yace ceniciento
como la salamandra
que observa la tortuga.
Espejismo, efigie,
neblina, cal.

ÍNDICE